AF568457

KERSTIN BOVENSIEPEN

ANIMAL LOOKS *stricken*

Fashion-Safari

mit Leo-, Tiger-, Zebra-, Giraffen- und Schlangen-Mustern

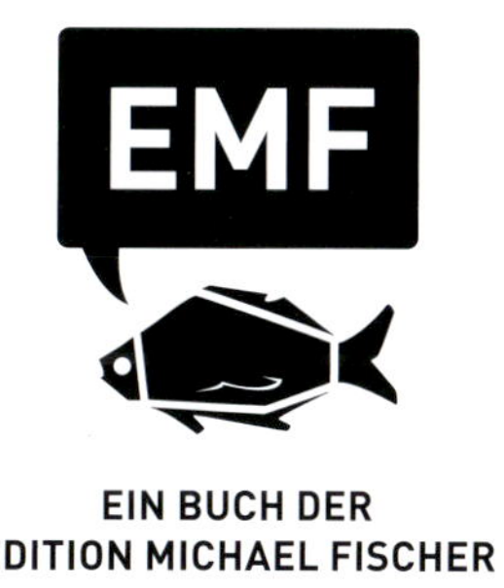

EIN BUCH DER
EDITION MICHAEL FISCHER

INHALTSVERZEICHNIS

GRUNDLAGEN

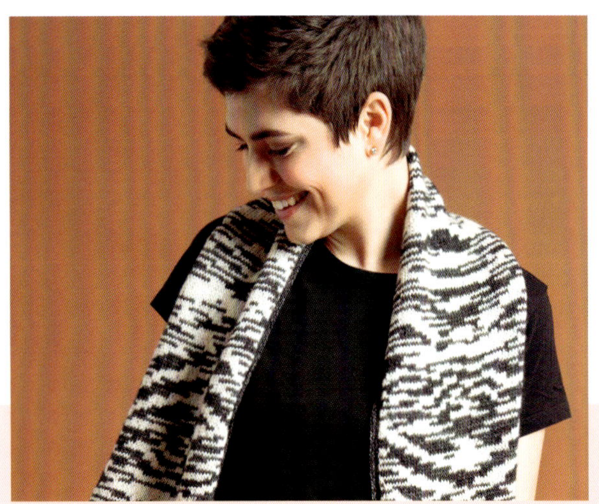

40

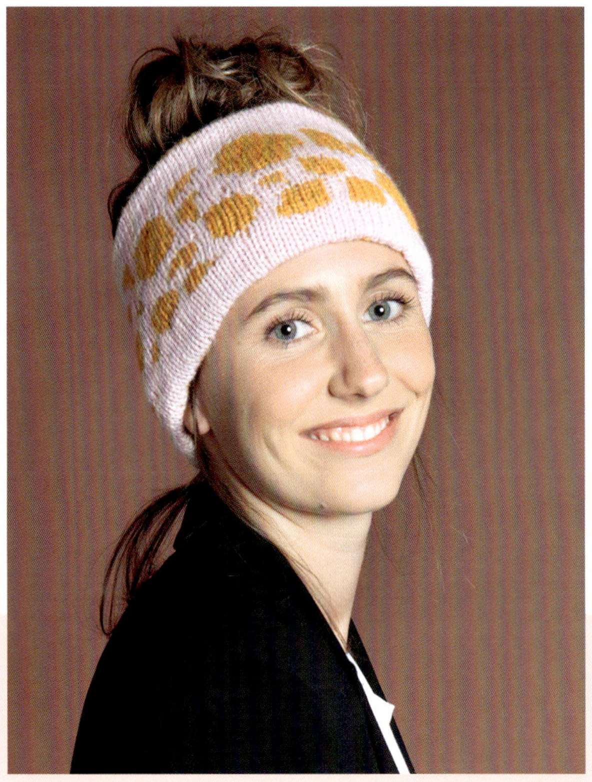

66

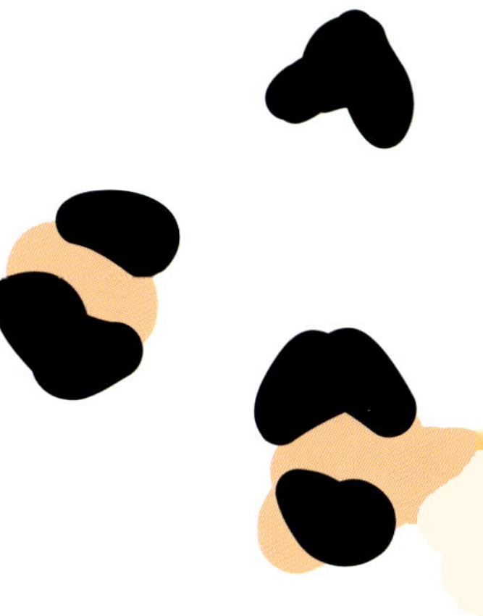

PROJEKTE

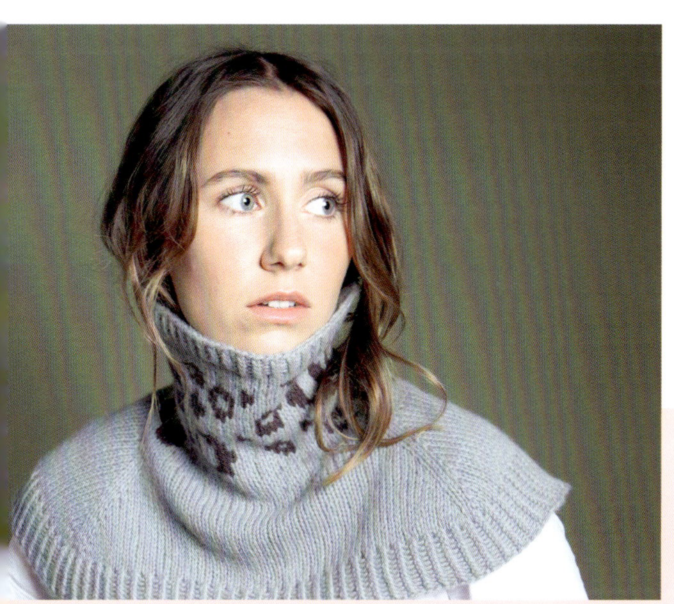

70

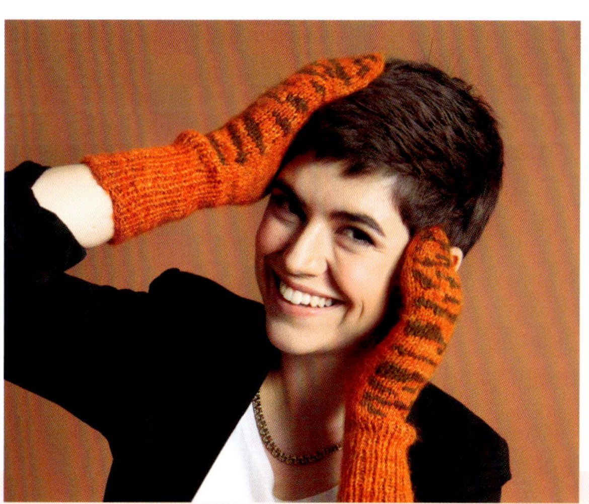

102

WILLKOMMEN

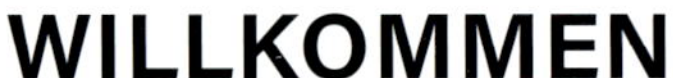

Nach „Hygge Wohlfühlkleidung stricken" und „Småland Skandinavisch stricken" ist „Animal Looks stricken" nun mein neuestes Werk.
Ich war über mich selbst ganz erstaunt, was für ein Ideen-Feuerwerk die Frage nach Tiermustern in meinem Kopf ausgelöst hat. Innerhalb kürzester Zeit entstanden 16 Ideen und Designs für Accessoires im Tierprint-Look im Kopf und wurden zu Papier gebracht.
Unterstützt wurde ich bei diesem Projekt von meinem fabelhaften Team aus Modell- und Teststricker:innen, die ihre Nadeln für mich klappern ließen.

Oft werde ich gefragt, wie ich eigentlich dazu gekommen bin, Bücher über Strickdesigns zu schreiben. Nun: Stricken war schon immer meine Leidenschaft. Angefangen hat es ganz klassisch in der dritten Klasse, und seitdem konnte ich, bis auf kleine Nähpausenphasen, die Stricknadeln nicht mehr aus der Hand legen. Aus dieser Leidenschaft ist mittlerweile mein Label „knit.ding" entstanden, unter dem ich moderne, einfach zu strickende und trotzdem ausgefallene Strickdesigns entwerfe und veröffentliche.

Die Zusammenstellung dieses Buches hat mir sehr viel Freude bereitet und mich und meine Modell- und Teststricker:innen in eine wunderbare tierische Designwelt mitgenommen. Meine persönlichen Favoriten im aktuellen Buchprojekt sind die Zebramuster – zu finden in einer Mütze, einem Schal und einer Tasche. Meine Kinder lieben das Schlangenmuster, und meine Teststricker:innen sind fasziniert vom Leoparden- und Giraffenmuster. So ist für jeden das passende Tiermuster dabei.

Ein zweifarbiges Muster zu stricken erfordert ein wenig Mut und Übung, gelingt aber definitiv auch Anfänger:innen. In „Animal Looks stricken" finden sowohl Strickneulinge als auch Geübte und erfahrene Stricker:innen geeignete Projekte.

Für das tierische Wollgefühl in und mit allen Projekten habe ich all meine Lieblingsgarne eingesetzt. Das breite Spektrum an Garnfarben garantiert Strickvergnügen in einer bunten Tierwelt. So kann das Gefühl von Urlaub, Sonne und Safari Einzug halten.

Ich wünsche allen ganz viel Spaß beim Durchblättern des Buches und beim Stricken der tierischen Projekte.

Kerstin Bovensiepen

Noch mehr Projektinspiration gibt es auf
www.knitding.de
www.instragram.com/knit.ding
www.facebook.com/knit.ding auch in der Gruppe knit.ding Design Community
#knitding

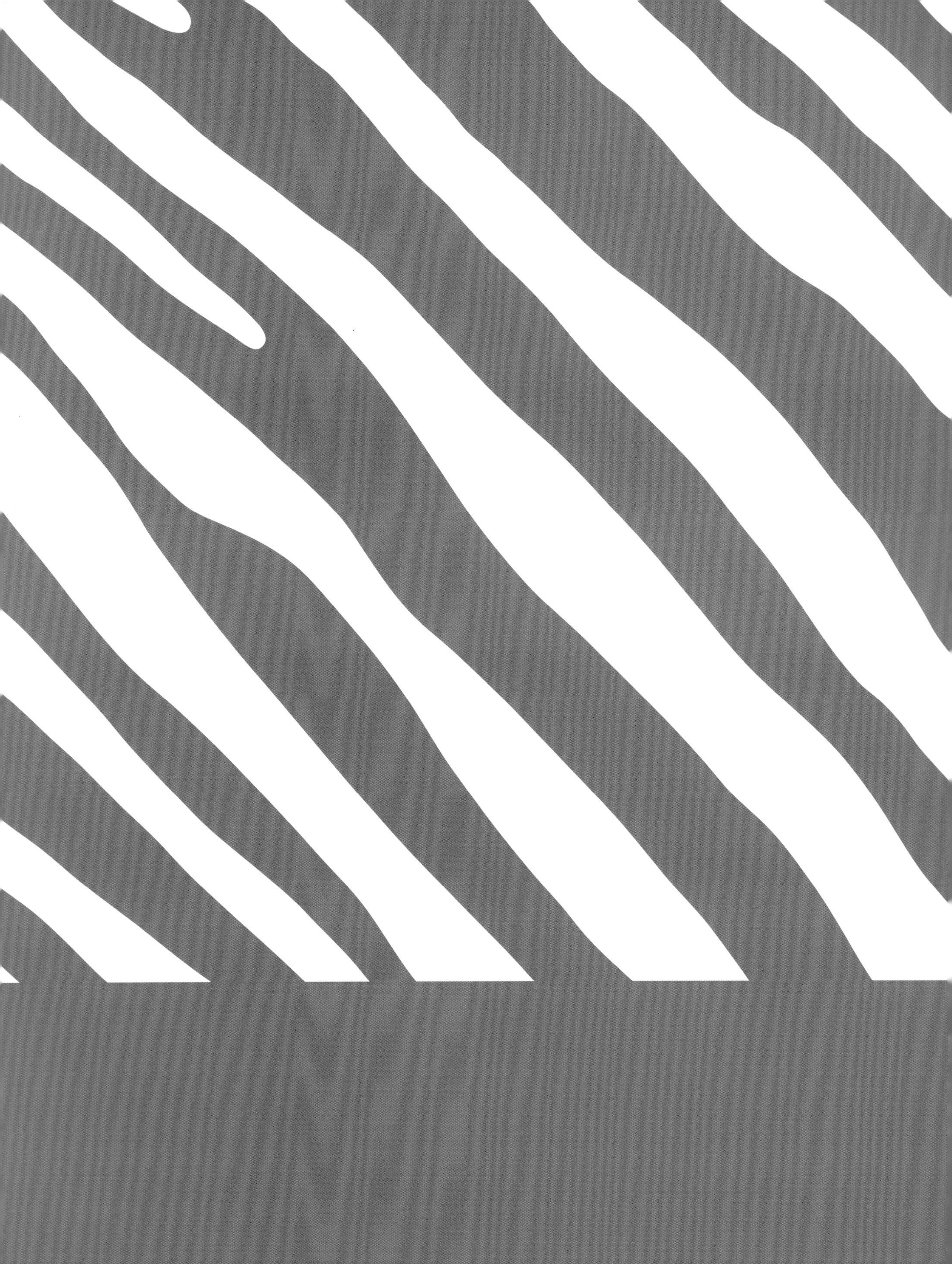

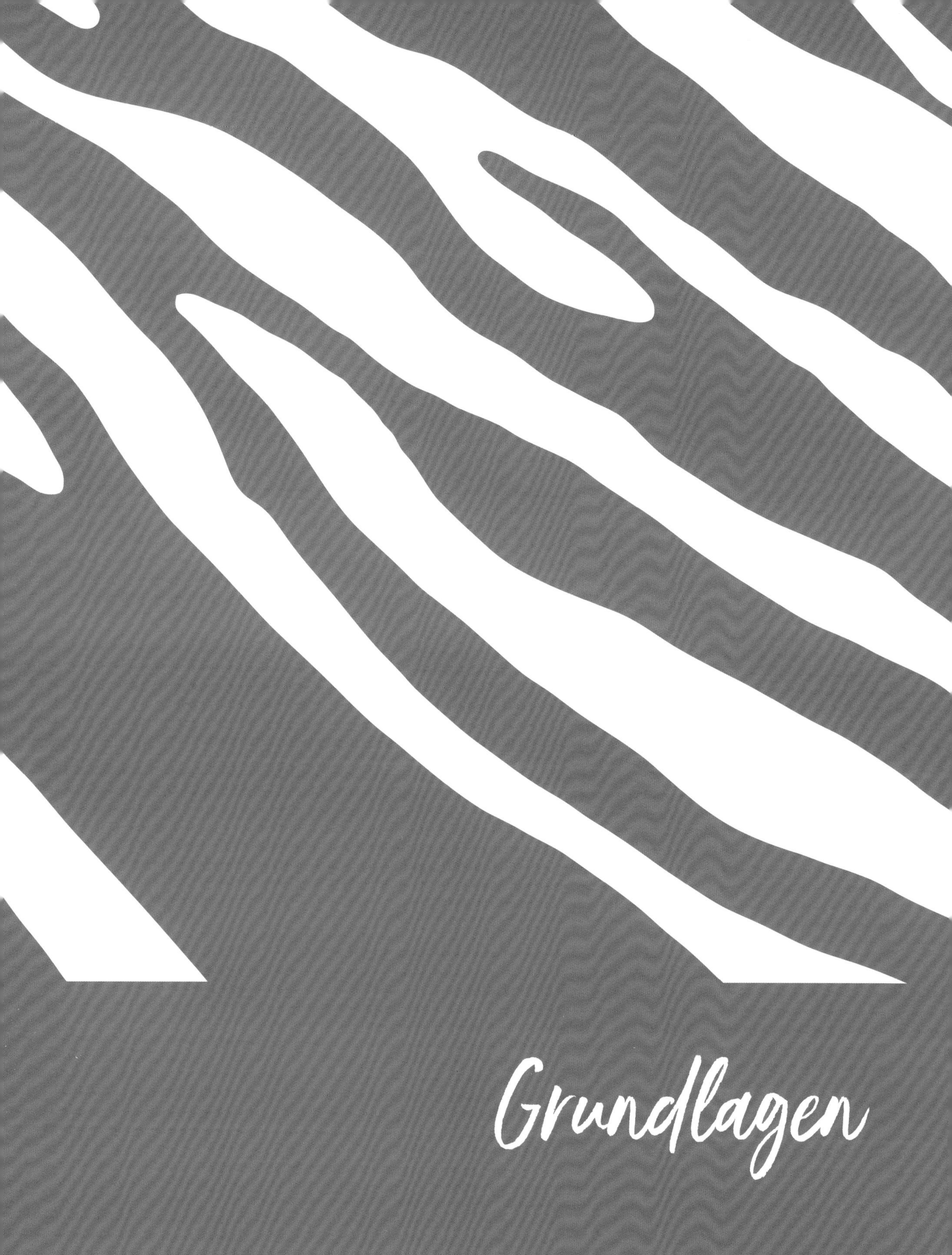

Grundlagen

BEVOR SIE BEGINNEN

DIE WAHL DES MATERIALS

Einer der schönsten Vorbereitungsschritte für ein neues Strickprojekt ist die Auswahl des passenden Garns. Das Testen verschiedener Fasermaterialien kann zu einer großen Leidenschaft werden. In diesem Buch finden Sie ein breites Spektrum an verwendeten Wollqualitäten sowie eine bunte, sorgfältig ausgewählte Vielfalt von Herstellern.

Einige Garne können Sie bereits zu großen oder kleineren Knäueln gewickelt kaufen. Andere werden von Konen verstrickt. Wieder andere finden Sie als Strang vor, den Sie zunächst von Hand oder aber mithilfe eines Wollwicklers und einer Haspel zu einem Knäuel wickeln müssen, bevor Sie die ersten Maschen anschlagen.

Natürlich können Sie die vorgegebenen Garne auch ersetzen. Wenn Ihnen beispielsweise Mohair so gar nicht liegt, können Sie das entsprechende Projekt auch mit einem ungebürsteten Garn stricken. Der Effekt kann dabei variieren, doch genau dies kann ja durchaus auch erwünscht sein. Ganz gleich, ob Sie das vorgegebene Garn verwenden oder dieses ersetzen, das Stricken einer Maschenprobe ist bei der Herstellung von Kleidungsstücken ganz besonders wichtig.

MASCHENPROBE

In jeder Strickanleitung ist eine Maschenprobe für das Projekt und das zu verstrickende Material angegeben. Sehen Sie diese Werte jedoch nur als Richtwerte an.

Sie liefern Ihnen die Information, wie fest oder locker das Modell für das Buch gestrickt wurde. Ihre eigene Maschenprobe kann mit derselben Nadelstärke gestrickt durchaus variieren. Bei Kleidungsstücken können bereits kleinste Differenzen große Auswirkungen auf die endgültige Größe des Stücks haben, versuchen Sie daher, die Nadelstärke zu finden, mit der Sie den angegebenen Werten am ehesten entsprechen.

Die Maschenprobe hilft Ihnen außerdem dabei zu erfahren, ob das Material auch zum Projekt passt. Auch die optimale Pflege des fertigen Strickstücks können Sie anhand der kleinen Probe testen. Sehen Sie die Maschenprobe als Vorfreude auf das eigentliche Projekt.

Stricken Sie ein Quadrat von etwa 12 × 12 cm und waschen und spannen Sie Ihre Maschenprobe genau so, wie Sie später das fertige Kleidungsstück waschen möchten.

In dem Maschenfein-Online-Kurs „Das 1 × 1 der Maschenprobe" bei Makerist erfahren Sie, welchen Schatz an Informationen Sie aus einer einzelnen kleinen Maschenprobe gewinnen können. In dem Grundlagen-Buch „Stricken – Masche für Masche" finden Sie viele wertvolle Informationen über Faser- und Nadelmaterialien sowie über die Maschenprobe.

ABSCHLUSS DES STRICKPROJEKTES

Haben Sie die letzten Maschen Ihres Projektes abgekettet, vernähen Sie zunächst mit einer Wollnadel sorgfältig alle Fäden. Anschließend muss das Strickstück vorsichtig gewaschen werden und je nach Muster gespannt oder liegend trocknen. Dieser Vorgang ist nicht zu vernachlässigen, denn Muster und Formen zeigen erst dann ihre volle Wirkung.

Tauchen Sie dazu das Strickstück in handwarmes Wasser (optional mit ein wenig Wollwaschmittel) und lassen Sie es mindestens 15 Minuten das Wasser einsaugen. Drücken Sie anschließend das Wasser vorsichtig aus. Wickeln Sie das Stück dann in einem Handtuch zu einer Rolle und drücken Sie noch einmal sanft die Feuchtigkeit heraus. Legen Sie es dann zum Trocknen auf einen ebenen Untergrund (wahlweise Teppich, Handtücher oder Spannmatten). Lassen Sie Ihr Projekt nun über Nacht trocknen.

PROVISORISCHER M-ANSCHLAG

Bei manchen Strickprojekten ist es notwendig, die zunächst gearbeitete Anschlagskante später noch einmal aufzulösen. **Es könnte sein,**

... dass an dieser Kante in die entgegengesetzte Richtung weitergestrickt werden soll, wozu die zunächst angeschlagenen Maschen möglichst unsichtbar aufgenommen werden müssen.

... dass die Anschlagskante als offene Kante mithilfe des Maschenstichs mit einer anderen Kante unsichtbar zusammengenäht werden soll.

... dass die Kante in einheitlicher Technik zusammen mit anderen Kanten abgekettet werden soll.

Für diese Zwecke kann der Anschlag zunächst provisorisch gearbeitet werden.

PROVISORISCHER ANSCHLAG MIT DER HÄKELNADEL

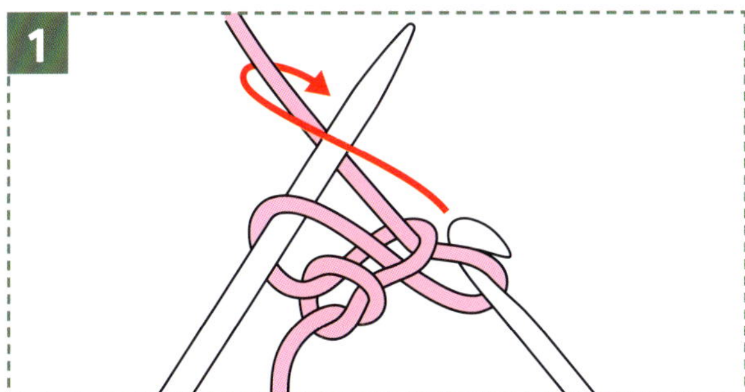

Bilden Sie mit einem kontrastfarbenen Faden, dessen Garnstärke der des späteren Arbeitsfadens entspricht, eine Anfangsschlaufe.

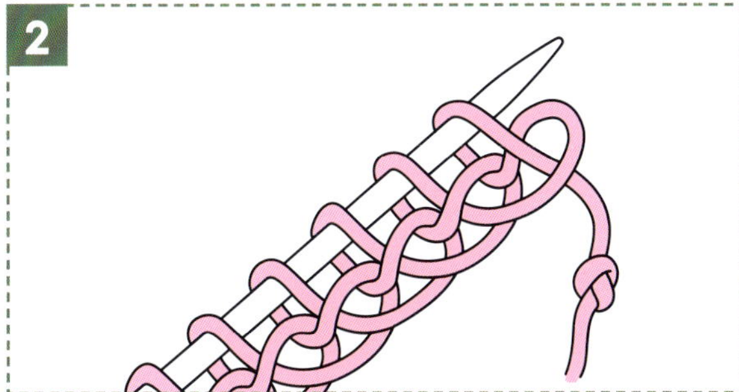

Legen Sie mithilfe einer Häkelnadel die benötigte Anzahl Maschen auf die Stricknadel, indem Sie Luftmaschen häkeln und diese Masche für Masche auf die Stricknadel gleiten lassen.

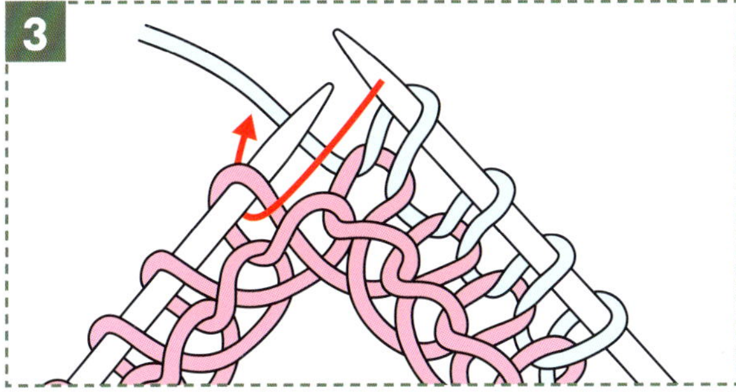

Arbeiten Sie dann die erste Reihe, wie angegeben, mit dem Arbeitsfaden.

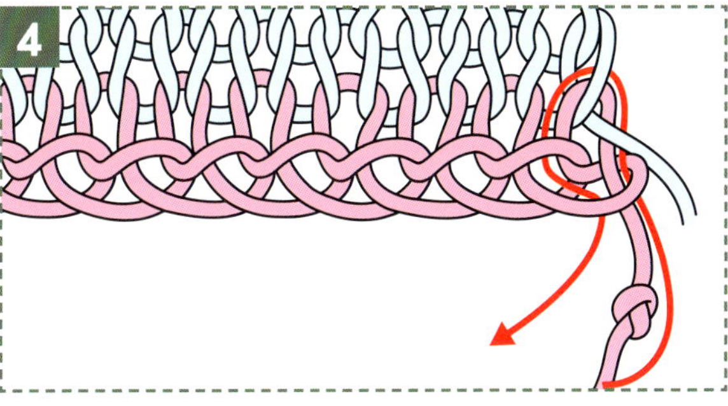

Der provisorische Anschlag wird später von der Seite aufgelöst, an der er in der Anschlagsreihe beendet wurde (= Ende der Luftmaschenkette).

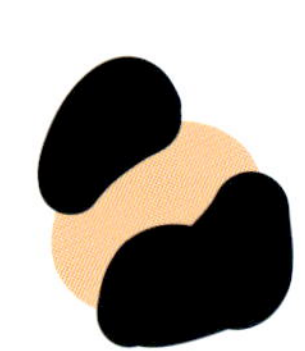

WICKELANSCHLAG

Mit zwei Stricknadeln nebeneinander den Arbeitsfaden in Form einer Acht um die Nadel wickeln, bis die benötigte Maschenzahl erreicht wird. Nun die Maschen von jeder Nadel einzeln nacheinander abstricken.

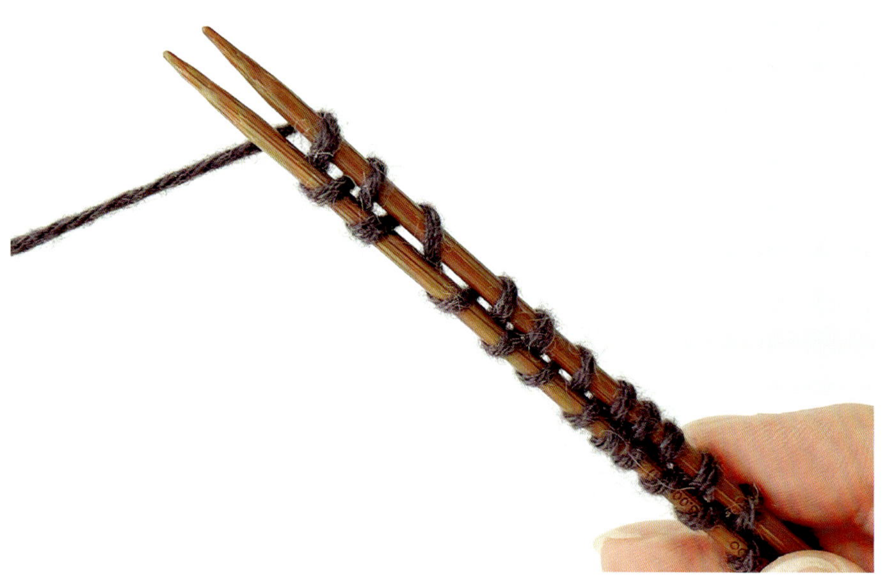

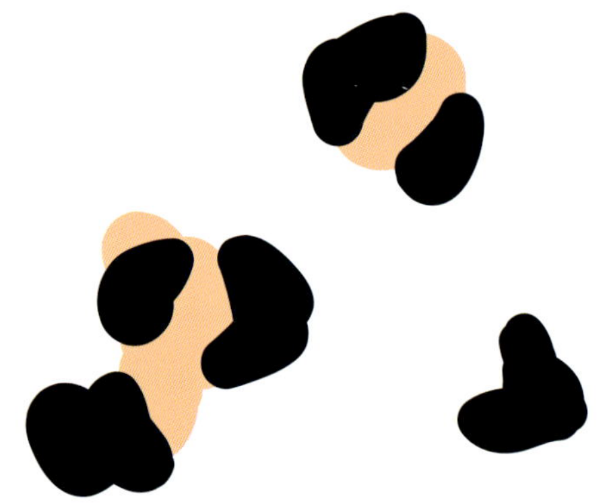

FORMEN MIT VERKÜRZTEN REIHEN

Verkürzte Reihen stricken bedeutet, die Reihe nicht vollständig, sondern kürzer zu stricken. Dazu wendet man bereits vor Erreichen des Reihenendes die Arbeit und strickt die Reihe wieder zurück.
Die besondere Herausforderung beim Stricken verkürzter Reihen ist, die beschriebene Wendung möglichst unsichtbar ins Gestrick einzufügen.

Verkürzte Reihen werden gestrickt, um ...

 ... Blenden an Strickjacken zu formen,

 ... Muster mit unterschiedlichen Höhen in waagerechten Reihen zu stricken (Beispiel: kraus und glatt),

 ... Kleidungsstücke zu formen, z. B. für Brustabnäher, Schulterschrägen oder Fersen (sogenannte „Bumerangferse" beim Sockenstricken).

WENDEMASCHE ALS DOPPELMASCHE

Bei dieser Methode wird die Masche der Wendestelle als Doppelmasche gearbeitet, indem sie nach der Wendung abgehoben und übergezogen wird. Die Technik wird in englischsprachigen Anleitungen als „German Short Rows" bezeichnet. Wichtig ist es, später beide Schenkel der Masche als eine gemeinsame Masche zu zählen und zu arbeiten. Diese Methode eignet sich besonders für strapazierte Strickstücke, da die Wendung auch bei starker Dehnung des Gestricks kaum sichtbar ist.

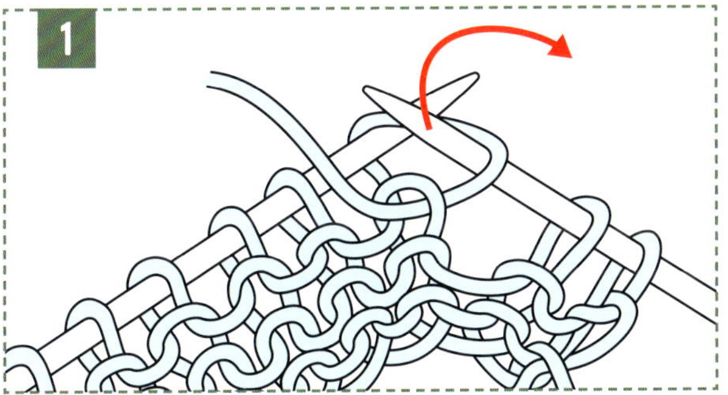

Nach der Wendung wird die erste Masche der linken Nadel mit dem Faden vor der Arbeit wie zum Linksstricken abgehoben.

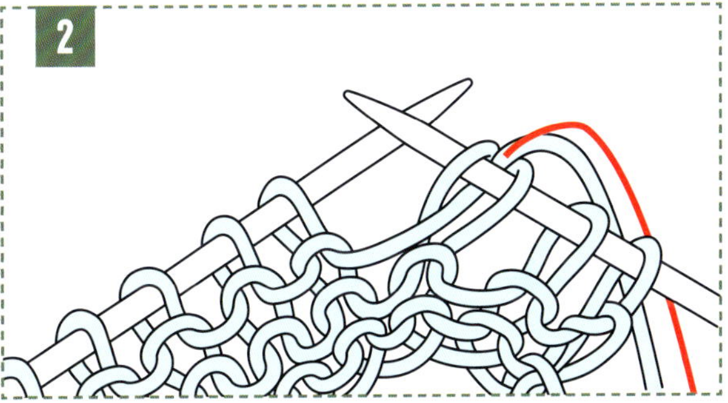

Anschließend den Arbeitsfaden über die rechte Nadel und über die eben gestrickte Masche nach hinten ziehen, sodass beide Maschenschenkel sichtbar werden.

TIPP

Findet die Wendung in einer links gestrickten Reihe statt, wird ebenso nach der Wendung die erste Masche (in diesem Fall dann eine rechte Masche) einfach wie zum Linksstricken abgehoben (der Arbeitsfaden liegt vorne). Danach wird der Arbeitsfaden über die Masche nach hinten gezogen.

2 TEILE MIT EINEM I-CORD ZUSAMMENSTRICKEN

Beide Teile mit der rechten Seite nach außen aufeinanderlegen. An einer Ecke beginnen.
3 M aufschlingen, dann aus der 1. RM des vorderen Teils und der 1. RM des hinteren Teils zusammen 1 M auffassen (1).
Diese 4 M zurück auf die linke Nd heben (2), 2 M rechts str, 2 M rechts verschr zusammenstricken (3).
Aus den nächsten RM (vorderen und hinteren Teil) wieder 1 M auffassen und Schritt (2) und (3) wdh, bis beide Teile rundum miteinander verbunden sind. Die verbliebenen 3 M abketten und den Faden abschneiden.

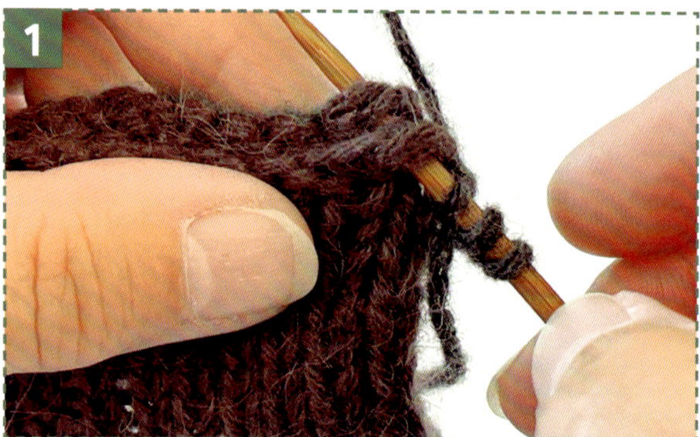

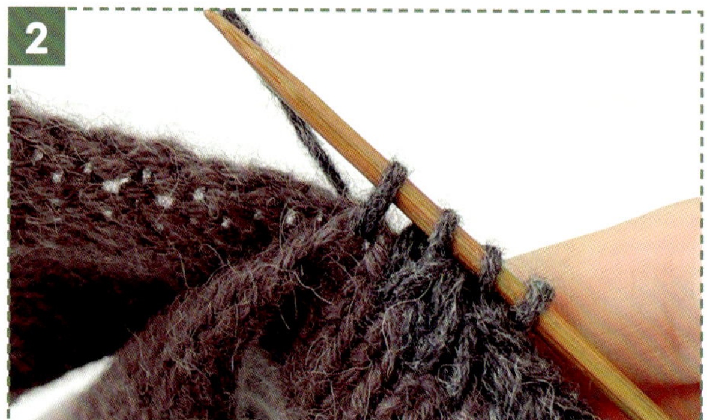

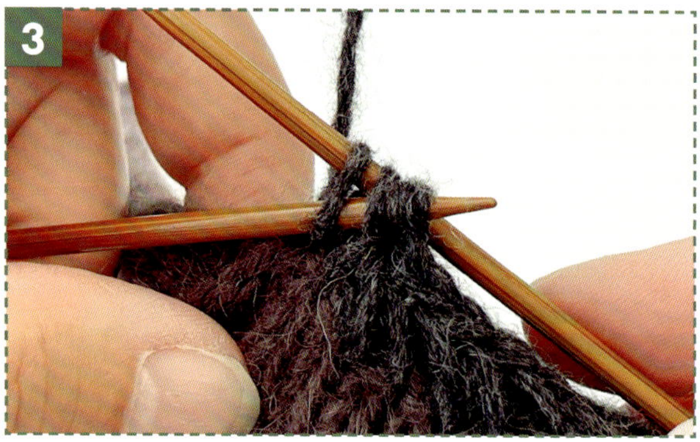

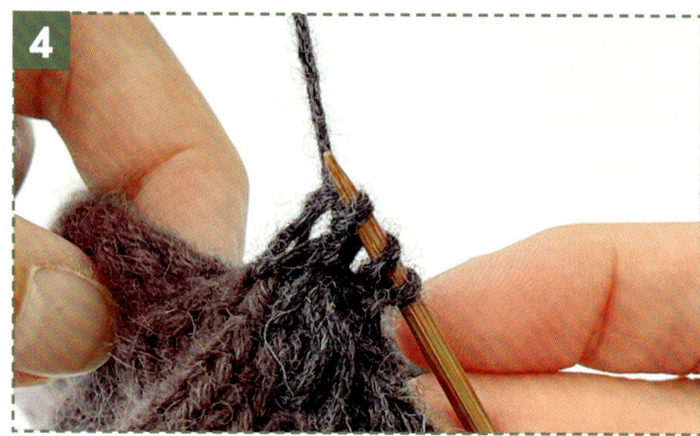

MAGIC LOOP

Kleine Runden könnten so gestrickt werden – ohne dass man ein Nadelspiel benötigt. Für den Magic Loop ziehen Sie das lange Seil einer Rundstricknadel aus der Mitte der Runde heraus.

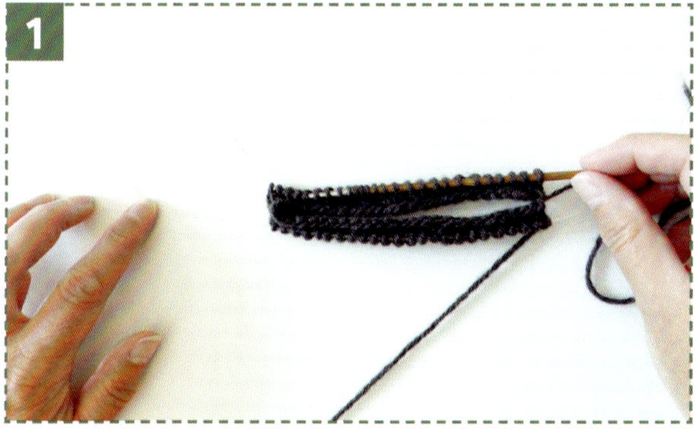

Schlaufe herausziehen, Maschen sind nur auf der linken Nadel.

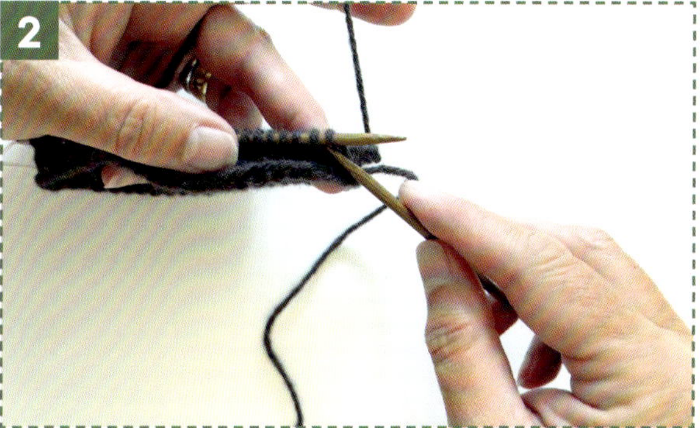

Die Maschen der linken Nd abstricken bis zur Schlaufe und Schritt 1 und 2 wiederholen.

ZUNAHMEN

ZUNAHMEN AUS DEM QUERFADEN

Zunahmen aus dem Querfaden sind besonders beliebt, da sie sich sehr schön in ein glatt rechtes Maschenbild einfügen. Gerne werden sie auch links und rechts von einer oder mehreren Mittelmaschen gestrickt. In diesem Fall arbeitet man sie gegengleich einmal nach rechts und einmal nach links geneigt.

NACH LINKS GENEIGT AUS DEM QUERFADEN (M1L)

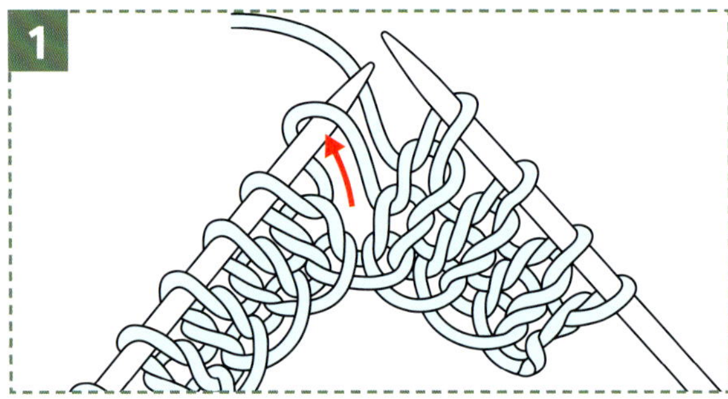

Mit der linken Nadel von vorn den Querfaden zwischen der rechten und linken Nadel aufnehmen.

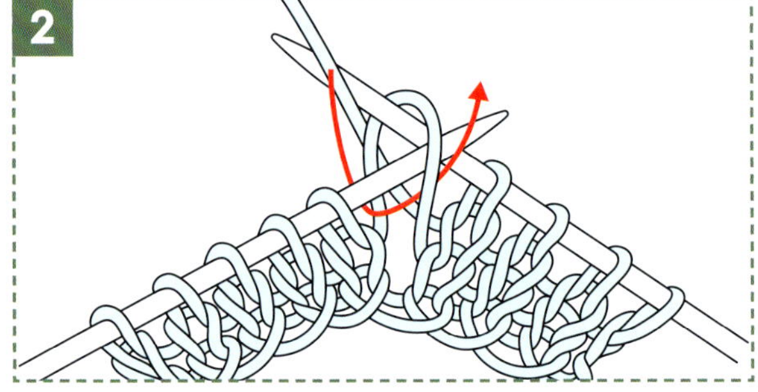

Diesen Querfaden rechts verschränkt stricken …

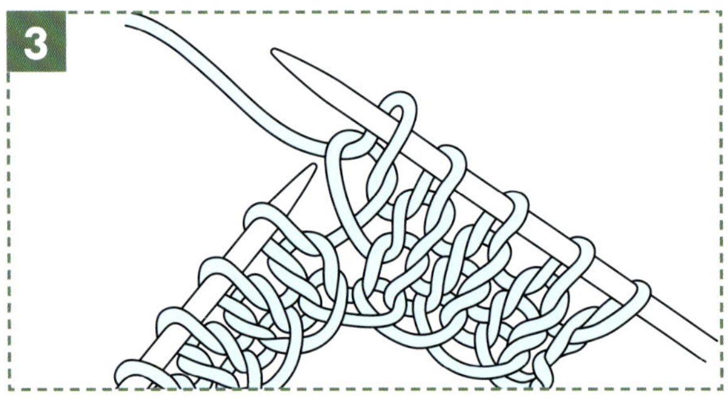

… und von der linken Nadel gleiten lassen.

NACH RECHTS GENEIGT AUS DEM QUERFADEN (M1R)

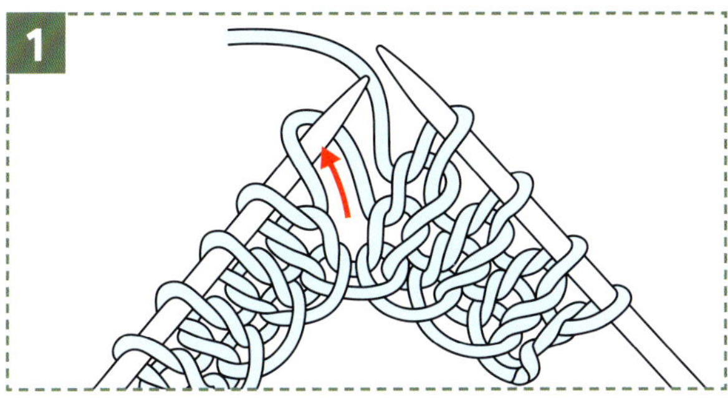

Mit der linken Nadel von hinten den Querfaden zwischen der rechten und linken Nadel aufnehmen.

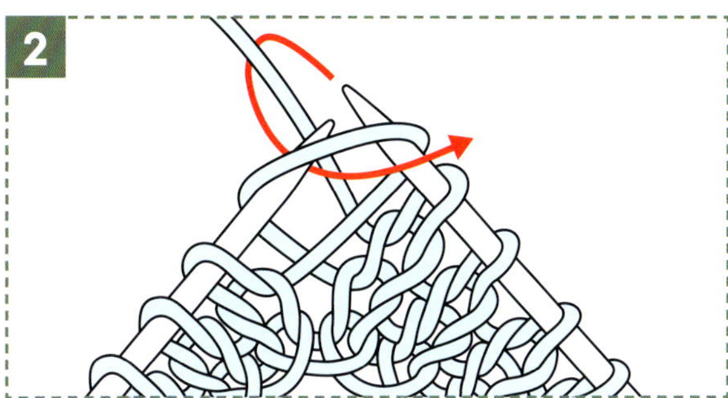

Diesen Querfaden normal rechts abstricken …

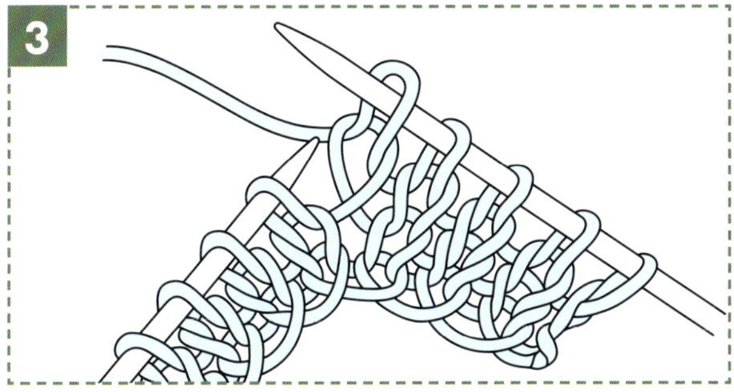

… und von der linken Nadel gleiten lassen.

ZWEI MASCHEN AUS EINER MASCHE RECHTS HERAUSSTRICKEN

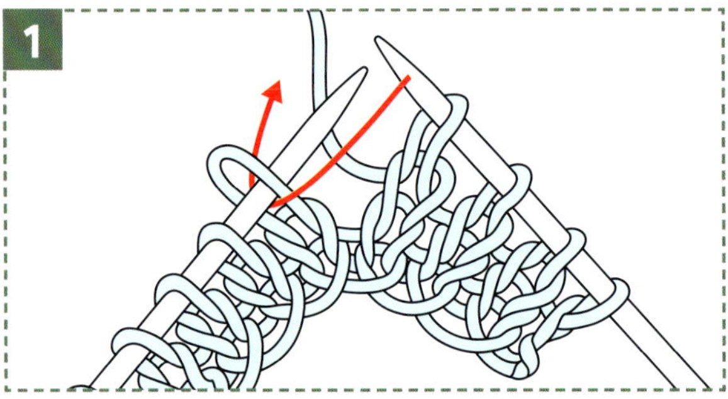

Mit der rechten Nadel wie zum Rechtsstricken in die nächste Masche einstechen …

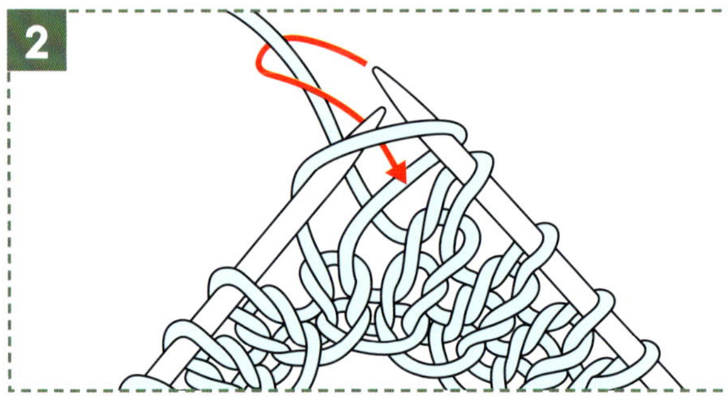

…und den Faden durchholen.

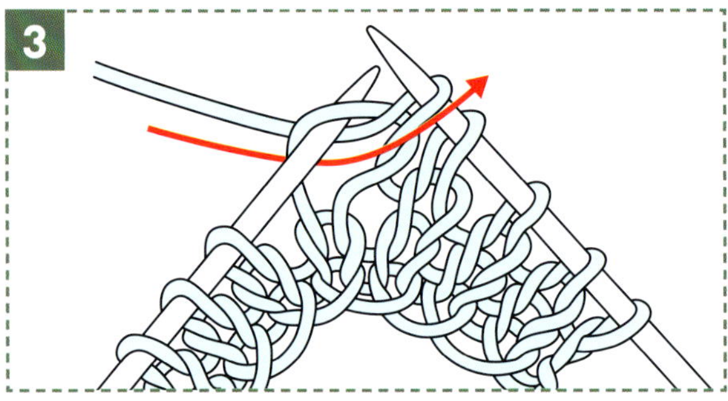

Die Masche aber noch nicht von der Nadel gleiten lassen, …

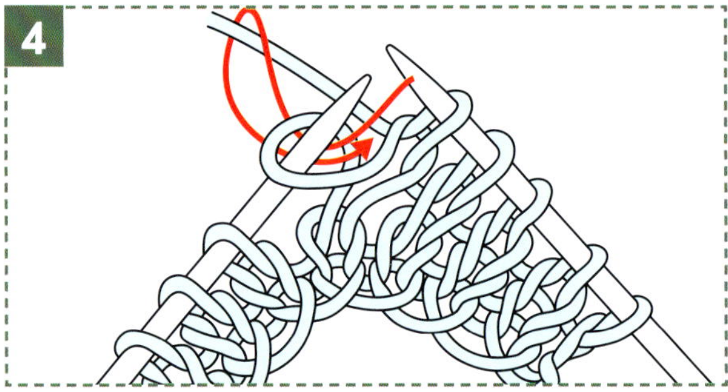

… sondern noch einmal verschränkt (also durch den hinteren Maschenschenkel) stricken.

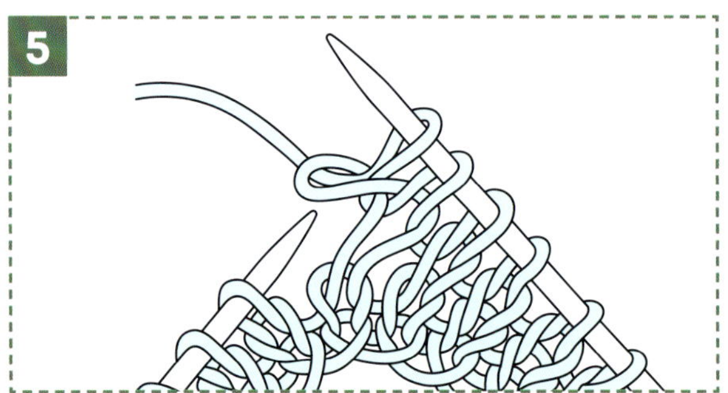

Die Masche dann von der linken Nadel gleiten lassen.

NACH RECHTS ODER LINKS GENEIGTE ABNAHMEN

Abnahmen können sowohl innerhalb eines Strickstücks als auch am Rand gestrickt werden. Grundsätzlich reduzieren Sie die Maschenzahl an der entsprechenden Stelle, indem Sie eine oder mehrere Maschen miteinander abstricken. Je nach Art der Abnahme erscheint sie nach links oder nach rechts geneigt.

MASCHEN RECHTS ZUSAMMENSTRICKEN

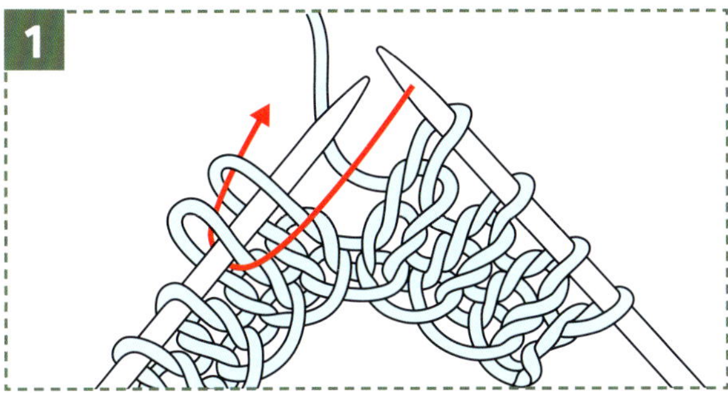

Führen Sie die rechte Nadel von links nach rechts erst durch die übernächste, dann durch die nächste Masche auf der linken Nadel.

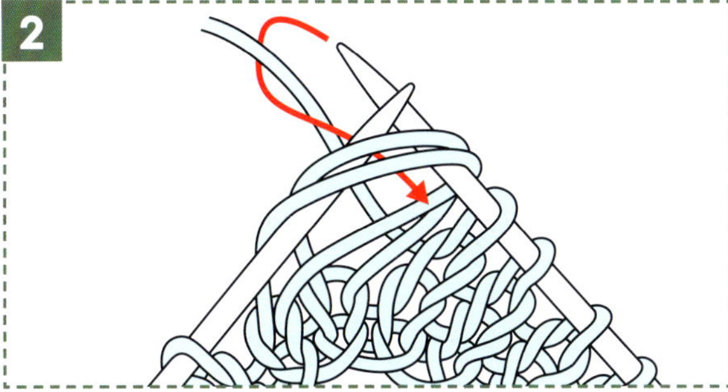

Holen Sie den Arbeitsfaden wie zum Rechtsstricken durch.

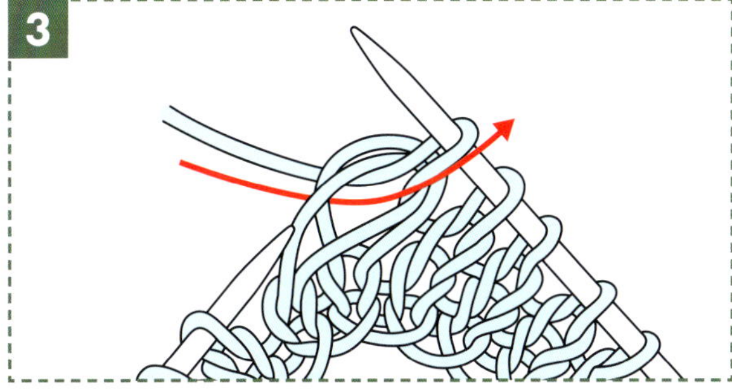

Lassen Sie beide Maschen von der linken Nadel gleiten. Auf diese Weise können Sie natürlich auch drei oder mehr Maschen zusammenstricken.

NACH RECHTS GENEIGTE ABNAHMEN

Diese Abnahmen erscheinen im Gestrick nach rechts geneigt. Sie werden daher am linken Rand gearbeitet.

TIPP

Als kleine Merkregel für Abnahmen am Rand gilt: Die Abnahme sollte immer parallel zum Rand verlaufen. Wenn Sie am linken Rand eine Abnahme stricken, wird sich der Rand nach rechts neigen. Sie sollten also entsprechend eine nach rechts geneigte Abnahme stricken. Und umgekehrt.

NACH LINKS GENEIGTE ABNAHMEN

Diese Abnahmen erscheinen im Gestrick nach links geneigt. Sie werden daher am rechten Rand gearbeitet.

RECHTS ÜBERZOGEN ZUSAMMENSTRICKEN

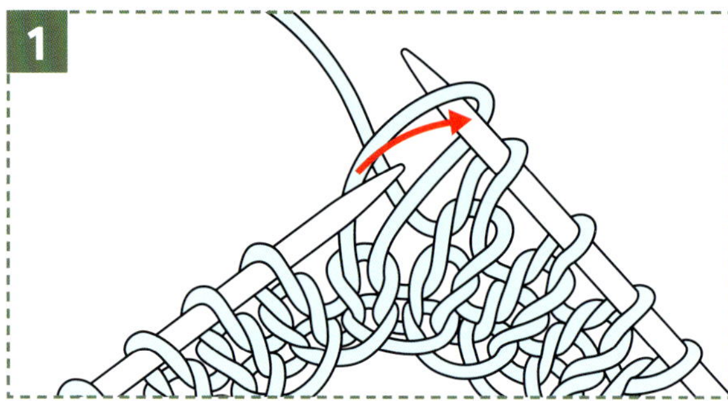

Die erste Masche wie zum Rechtsstricken abheben.

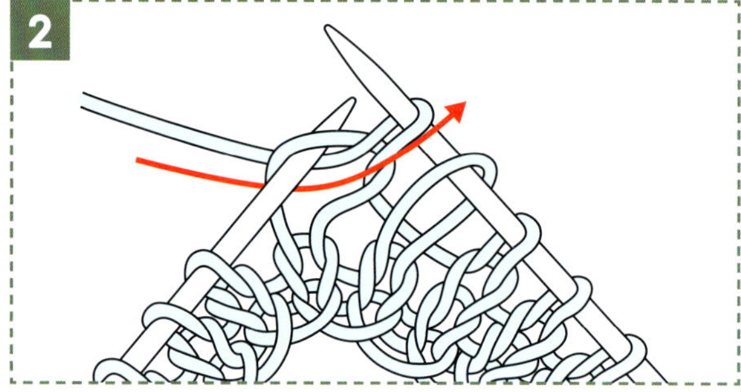

Die nächste Masche rechts stricken.

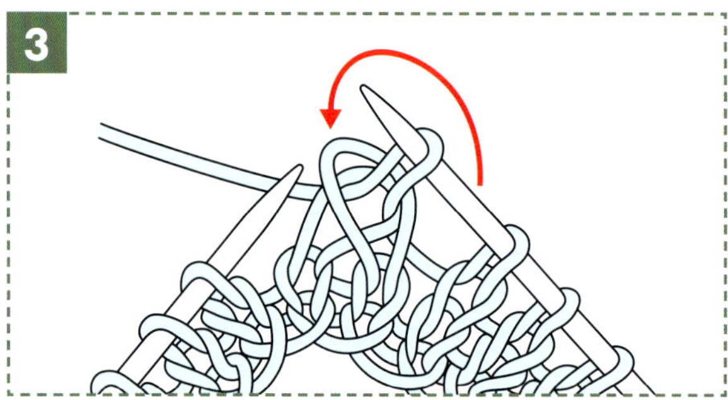

Die zuvor abgehobene Masche von rechts nach links überziehen.

RECHTS ABGEHOBEN ZUSAMMENSTRICKEN

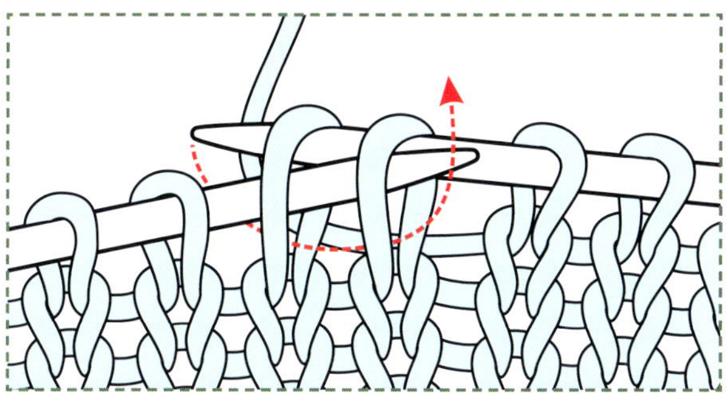

Die nächsten beiden Maschen einzeln wie zum Rechtsstricken abheben, danach zurück auf die linke Nadel legen (sodass sie, wie dargestellt, verdreht auf der Nadel liegen) und anschließend rechts verschränkt zusammenstricken.

RECHTS ABGEHOBEN LINKS ZUSAMMENSTRICKEN

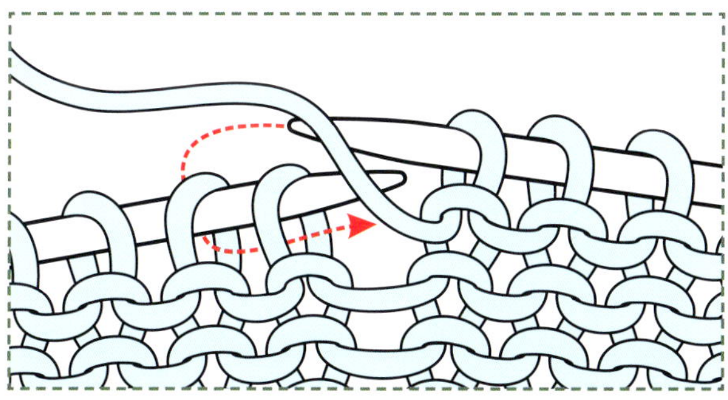

Die nächsten beiden Maschen einzeln wie zum Rechtsstricken abheben, danach zurück auf die linke Nadel legen (sodass sie, wie dargestellt, verdreht auf der Nadel liegen) und anschließend links verschränkt zusammenstricken.

HINWEIS

Diese Techniken finden Sie in Anleitungen auch häufig mit den englischen Abkürzungen SSK („Slip Slip Knit" bzw. „abheben, abheben, rechts verschränkt zusammenstricken") und SSP („Slip Slip Purl" bzw. „abheben, abheben, links verschränkt zusammenstricken") gekennzeichnet.

MASCHENSTICH

Mithilfe des Maschenstichs (auch Strickstich genannt) können zwei Kanten unsichtbar aneinandergenäht werden. Der Maschenstich bildet eine gestrickte Masche nach und kann sowohl an offenen als auch an geschlossenen Kanten ausgeführt werden. Teile, die im Maschenstich miteinander verbunden wurden, sehen aus, als wären sie in einem Stück gestrickt worden – also fast nahtlos.

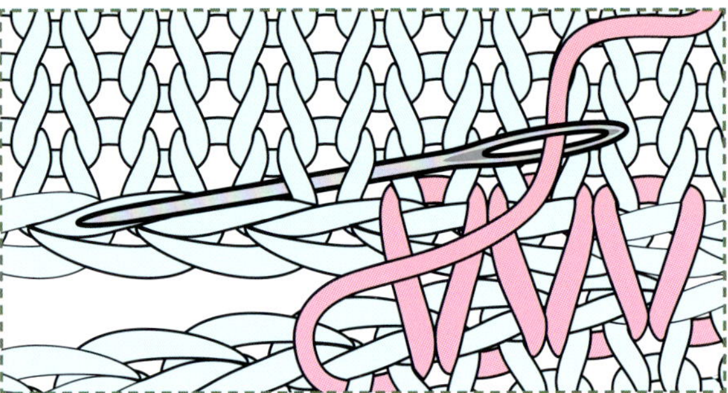

Maschenstich an geschlossenen Kanten: Arbeiten Sie den Maschenstich von rechts nach links. Zu Beginn stechen Sie von hinten in die Mitte der unteren ersten Masche ein. Führen Sie dann die Nadel unter den beiden Maschengliedern der darüberliegenden Masche des oberen Teils durch. Anschließend stechen Sie von oben in die Mitte der ersten unteren Masche und führen die Nadel vorn aus der Mitte der links danebenliegenden Masche wieder aus. Nun die zwei Maschenschenkel der darüberliegenden nächsten Masche ergreifen und in dieser Weise bis zum linken Rand weiterarbeiten.

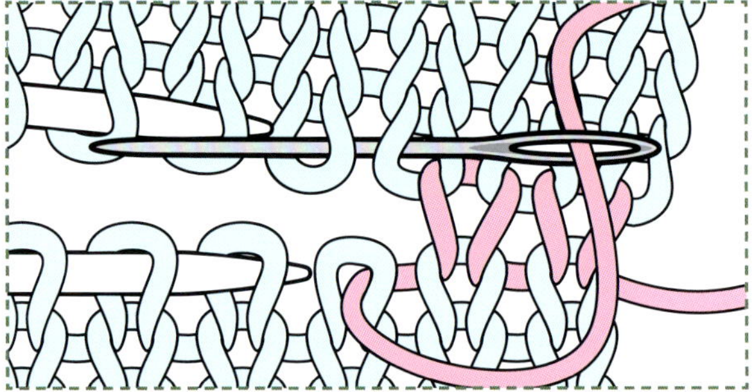

Maschenstich an offenen Kanten: Führen Sie die Nadel abwechselnd unten und oben durch je zwei nebeneinanderliegende Maschen, indem Sie jeweils von oben in die rechts liegende und von unten in die links danebenliegende Masche einstechen. Arbeiten Sie sich von rechts nach links vor.

KNOPFLOCHSTICH

Mit einem dünneren Faden in gleicher Farbe mit einer Nähnadel von innen nach außen in die Masche des Knopflochs einstechen und den Faden als Schlinge um die Nadel legen. Das ganze Knopfloch umnähen und somit verstärken.

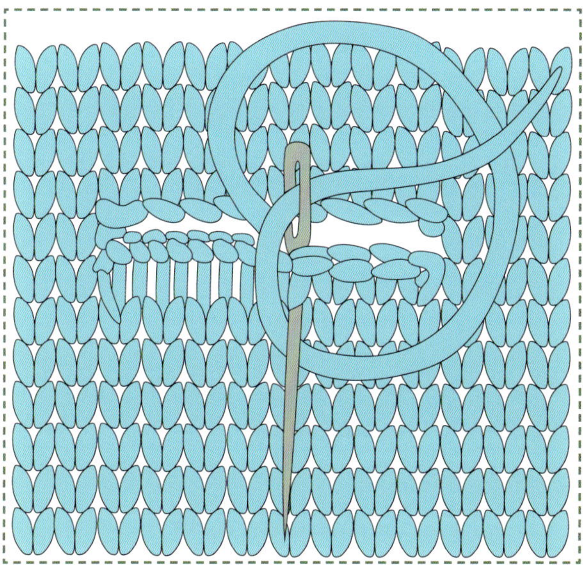

WASCHEN UND SPANNEN

Das Waschen und Trocknen oder Dämpfen mit mehr oder weniger viel Spannung sorgt dafür, dass das Material „aufblüht" und Muster sich entfalten. Insbesondere die Muster aufwendiger Lacearbeiten werden erst durch den richtigen Abschluss sichtbar. Das Spannen (auch „Blocken" genannt) des fertigen Strickstücks ist daher einer der wichtigsten Arbeitsschritte in der Herstellung eines Projekts und darf auf keinen Fall vernachlässigt werden.
Es gibt drei verschiedene Vorgehensweisen, Strickstücke zu spannen. Welche davon Sie auf Ihr Projekt anwenden, hängt von dem verwendeten Material und vom gestrickten Muster ab. Lace wird meist nass gespannt. Bei Strukturmustern wie Zöpfen ist Vorsicht geboten, um den plastischen Effekt nicht zu zerstören. Hier sollten Sie vorzugsweise die zweite oder dritte Methode wählen.

WASCHEN UND SPANNEN

- Waschmaschine oder Waschbecken
- geeignetes Waschmittel
- Handtuch
- Spannunterlage (z. B. Spannmatten, Teppichboden, mit Vlies bezogene Spanplatte)
- Maßband
- T-Nadeln und Spanndrähte

Waschen Sie das Strickstück in der Maschine oder lassen Sie es in lauwarmem Wasser im Handwaschbecken einweichen. Bei kräftigen Farben sollten Sie unbedingt beobachtend in der Nähe bleiben und das Stück sofort aus dem Wasser holen, falls die Farben ausbluten. Spülen Sie Ihr Projekt anschließend gut aus, drücken Sie das Wasser heraus, ohne zu wringen, und wickeln Sie die Arbeit in ein Handtuch ein.

Drücken Sie die Feuchtigkeit weiter heraus. Legen Sie das Teil dann auf Ihre Spannunterlage und ziehen Sie es in Form. Gegebenenfalls berücksichtigen Sie dabei die in der Strickanleitung vorgegebenen Maße. Fixieren Sie das Strickstück mithilfe von T-Nadeln auf der Unterlage. Je nach Muster oder gewünschtem Effekt können Sie mithilfe von Spanndrähten, die Sie in die Randmaschen einfädeln, Spannung auf das Strickstück bringen. Lassen Sie die Arbeit anschließend liegend trocknen.

WICHTIG

Achten Sie darauf, dass Sie rostfreie Stecknadeln zu verwenden. Nutzen Sie am besten die im Strickzubehör erhältlichen T-Nadeln.

HINWEIS

Insbesondere dann, wenn Sie Ihr Strickstück in der Waschmaschine waschen möchten, sei hier noch einmal daran erinnert, dass das Waschen und Spannen der Maschenprobe ganz zu Beginn der Arbeit essenziell ist. Allein auf diese Weise können Sie sicher feststellen, welchen Pflegeprozess das Material und die Farben vertragen. Auch aus einem anderen Grund ist es wichtig, dass diese Maschenprobe tatsächlich auch vorher gewaschen und gedämpft wird: Nur dann können Sie sie richtig ausmessen. Es besteht sonst die Gefahr, dass Sie beispielsweise erst beim Waschen und Spannen des Projekts feststellen, dass das Material unter dieser Behandlung ausleiert, und das Strickstück anschließend nicht mehr passt.

SPANNEN UND DÄMPFEN/BÜGELN

Spannunterlage (z. B. Spannmatten, Teppichboden, mit Vlies bezogene Spanplatte)

- T-Nadeln und Spanndrähte
- trockenes oder feuchtes Tuch
- Bügeleisen
- Maßband

Das Dämpfen des gespannten Strickstücks ist die etwas sanftere Methode. Anstatt es zu waschen, wird das Stück in Form gedämpft. Legen oder spannen Sie es dazu mit der rechten Seite nach unten auf Ihre Unterlage. Decken Sie es mit einem feuchten Tuch ab und dämpfen Sie mit dem Bügeleisen sanft das ganze Stück. Das Bügeleisen sollte dabei nie direkt auf das Material gedrückt werden.

SPANNEN UND BEFEUCHTEN

- Sprühflasche
- Spannunterlage (optional)
- T-Nadeln (optional)
- Spanndrähte (optional)

Die sanfteste Art des Abschlusses ist das angefeuchtete Spannen. In diesem Fall legen Sie das Strickstück mit der rechten Seite nach unten in Form und stecken es bei Bedarf unter Spannung fest. Anschließend mithilfe einer Sprühflasche befeuchten und wieder trocknen lassen.

ABKÜRZUNGEN

abh	abheben
abk	abketten
abn/Abn	abnehmen/Abnahme(n)
anschl	anschlagen
Fb	Farbe
Fd	Faden
FH	Fd hinten
FV	Fd vorne
HF	Hauptfarbe
LL	Lauflänge
M	Masche
M1L	1 rechte Masche links geneigt aus dem Querfaden zunehmen
M1R	1 rechte Masche rechts geneigt aus dem Querfaden zunehmen
MM	Maschenmarkierer
Nd	Nadel(n)
NF	Nebenfarbe
R	Reihe(n)
Rd	Runde(n)
RM	Randmasche
str	stricken
verk	verkürzt(e)
verschr	verschränkt
wdh	wiederholen
WM	Wendemasche
zun/Zun	zunehmen/Zunahme(n)
zusstr	zusammenstricken

SCHWIERIGKEITSGRADE

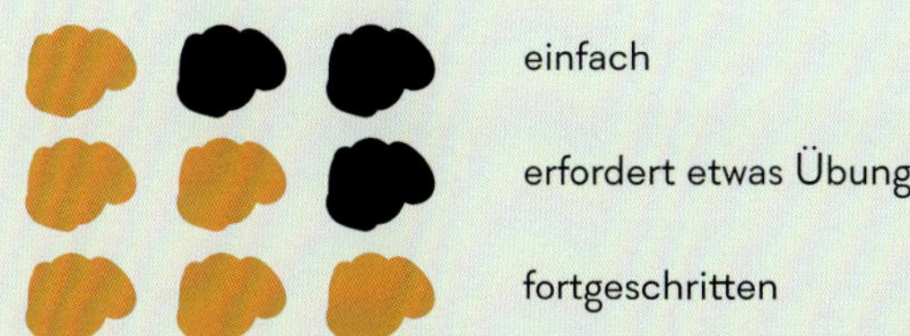

GRUNDKURS ZWEIFARBIGES STRICKEN

BEVOR ES LOSGEHT

Bei dem Stricken mit zwei Farben in einer Reihe oder Runde wird immer mit einer Hauptfarbe (HF) und einer Nebenfarbe (NF) gestrickt. Diese Stricktechnik nennt man auch Jaquardtechnik. Zumeist werden diese Muster in glatt rechts gestrickt, sodass hier nach Zählmuster gearbeitet wird. Die farbigen Kästchen geben jeweils an, in welcher Farbe gestrickt wird.

Bei dem zweifarbigen Stricken fällt das Gestrickte in der Regel etwas schmaler aus als bei einfarbigen Stücken. Dies kommt durch die Spannfäden auf der Rückseite der Arbeit, die durch diese Stricktechnik entstehen.
Daher ist es wichtig, eine Maschenprobe anzufertigen, um zu sehen, wie sich das eigene Strickverhalten und das Garn auf diese Technik auswirken und ob man eventuell auf eine größere Stricknadelstärke umsteigen muss.

KNOTENSCHLINGE

Die Knotenschlinge ist die erste Masche auf der Stricknadel. Dazu nehmen Sie den Arbeitsfaden und lassen einen Faden hängen, der ca. 3x so lang ist wie die Kante des Strickstücks, welches Sie stricken möchten.
Bilden Sie hierfür in der Mitte dieser Fäden eine Schlinge, führen den Arbeitsfaden durch die Schlinge und ziehen Sie diesen Faden vorsichtig fest. So bildet sich ein Knoten und damit auch die erste Masche. Legen Sie diese Masche auf die Stricknadel.

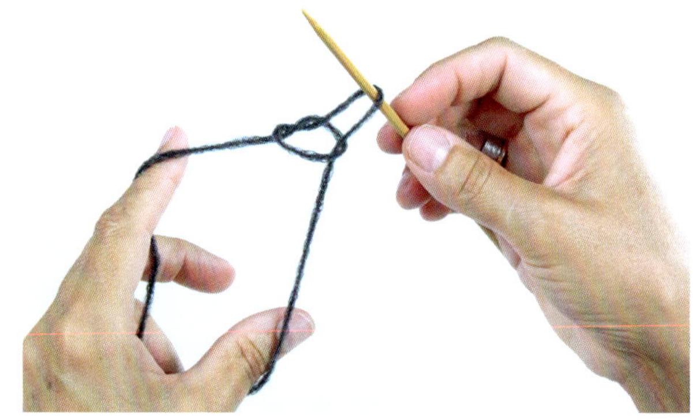

KREUZANSCHLAG

Dieser Anschlag ist die einfachste Möglichkeit, Maschen aufzunehmen. Dieser Anschlag ist optisch wie eine rechts gestrickte Reihe.

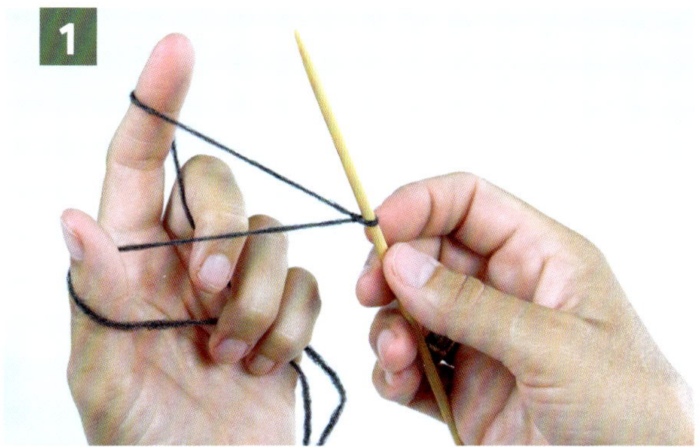

Hierfür nehmen Sie die Stricknadel mit der Knotenschlinge in die rechte Hand, fassen mit der linken Hand durch beide Arbeitsfäden und legen diese jeweils um den abgestreckten Daumen und Zeigefinger der linken Hand. Die losen Fadenenden fixieren Sie mit dem Ringfinger und kleinen Finger an der Handinnenfläche.

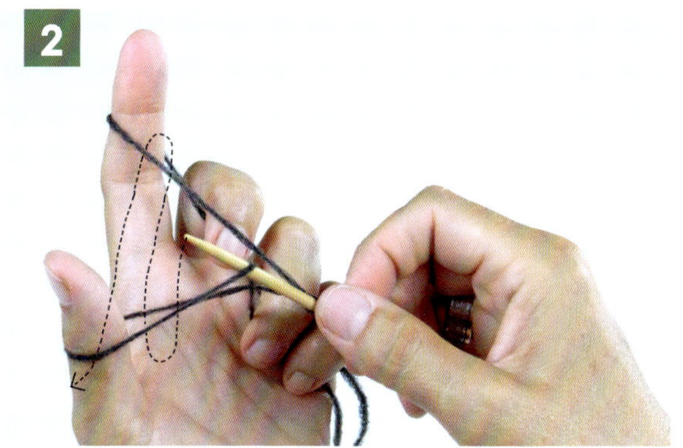

Stechen Sie von unten in die Schlinge, die sich um den Daumen gebildet hat. Holen Sie nun den Faden des Zeigefingers von oben und ziehen Sie ihn durch diese Schlinge. Lassen Sie die Daumenschlinge los und ziehen Sie diese straff um die Stricknadel. Die zweite Masche ist nun gebildet.

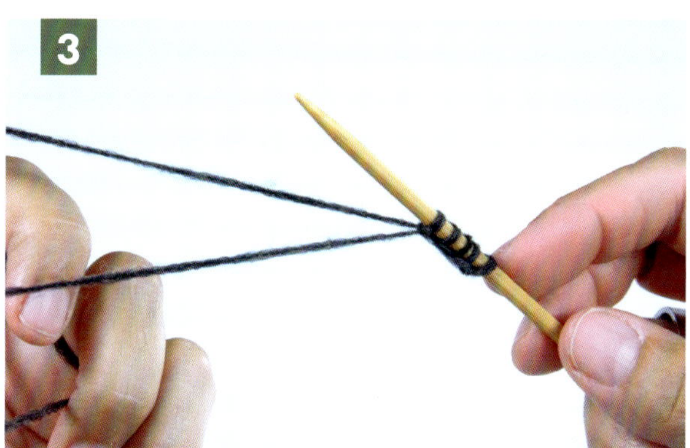

Schlagen Sie nun die restlichen Maschen genauso an.

PROBESTÜCK/MASCHENPROBE STRICKEN

Bevor es nun an das zweifarbige Stricken geht, stricken Sie an Ihrem Probestück erst einmal 4–6 Reihen glatt rechts, somit fällt das Einstricken der NF leichter, und Sie können auch genau erkennen, ob es Unterschiede von Breite und Elastizität zwischen den Stricktechniken gibt. Rechts und links des Musters werden ebenfalls ca. 3–5 Maschen glatt rechts in der HF gestrickt. Dadurch erhalten Sie einen sauberen Rand und können nun direkt das Verkreuzen der Fäden vor den Randmaschen üben. Beenden Sie das Musterstück mit 4–6 Reihen glatt rechts in der HF.

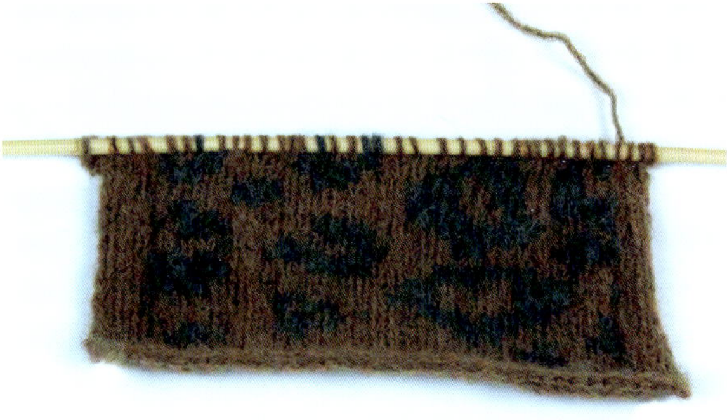

Vorderseite

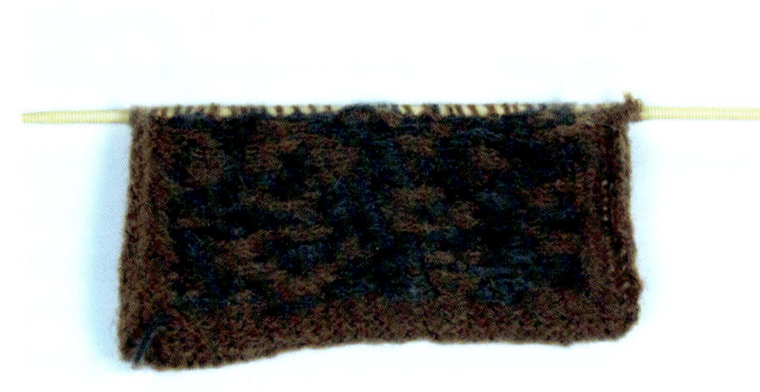

Rückseite

ANSETZEN DER ZWEITEN FARBE (NF)

Setzen Sie immer die NF direkt nach der Randmasche oder dem Rand an, auch wenn das einzustrickende Muster erst einige Maschen später beginnt.

Die NF wird **immer** bis zu den Randmaschen mitgeführt und mit der HF davor verkreuzt. Somit bekommen Sie eine ordentliche Rückseite und keine Ansatzlöcher inmitten Ihres Strickstücks.
Stricken Sie zum Ansetzen der NF den Rand bzw. die Randmaschen in der HF.

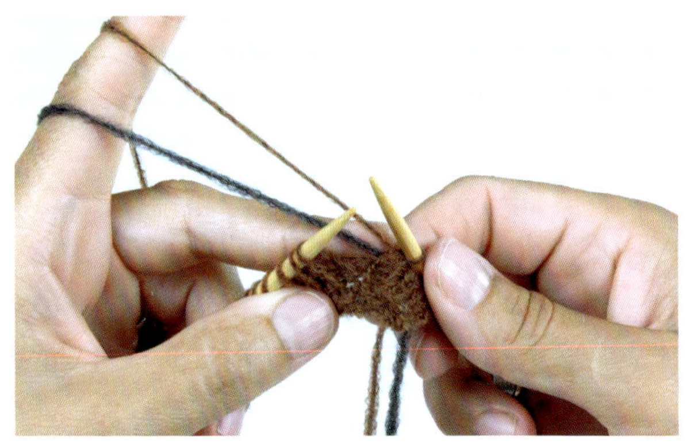

Nehmen Sie nun die NF auf die linke Hand und verweben diese mit der HF, indem Sie im Wechsel die HF über bzw. unter dem Faden der NF erfassen und abstricken.

Auf diese Art können Sie auch den Faden eines neuen Knäuels ansetzen oder Ihre Arbeitsfäden einweben, um das anschließende Vernähen der Fäden zu umgehen. Aber Vorsicht: Hier müssen Sie über mindestens 6–8 Maschen verweben, damit sich im Nachhinein nichts löst.

FADENFÜHRUNG

Es gibt einige Methoden der Fadenführung. Ich zeige Ihnen die einfachsten – einmal mit Fadenführer, einmal ohne Fadenführer. Unabhängig davon, wie Sie den Faden halten oder mit welcher Methode Sie stricken, sollte die Position der Fäden beim Stricken nicht mehr verändert werden, um ein gleichmäßiges Strickbild zu gewährleisten. Wie der Name schon sagt, wird hier mit zwei Farben gestrickt: mit der Hauptfarbe und der Nebenfarbe. Mit der HF wird der größte Teil des Strickstücks gestrickt, mit der NF wird das Muster eingestrickt. Somit muss die NF immer einen längeren Weg zurücklegen, bis sie wieder verstrickt wird.

Daher wird die NF, egal für welche Fadenführung Sie sich entscheiden, immer links von der HF geführt. So kann dieser Faden leichter mitlaufen, das Verkreuzen der Fäden ist unkompliziert, und Sie erhalten ein gleichmäßiges Maschenbild.

Fadenführung über dem linken Zeigefinger

Beide Fäden über dem linken Zeigefinger nach hinten führen, dabei immer die NF links von der HF führen. Die benötigte Farbe Ihres Zählmusters mit der rechten Nadel auffassen, die Masche rechts abstricken und von der Nadel gleiten lassen. Halten Sie die Fingerspitzen nah an den Nadeln, so ist die Fadenspannung leichter zu steuern.

Fadenführung mit einem Fadenführer oder Fingerring

Die NF in den linken Fadenführer des Rings bzw. Fingerhutes legen, die HF in die rechte Fadenführung. Auf dem Bild sehen Sie, wie ich den Fadenführer halte. Hier hat aber jeder seine eigene Methode.

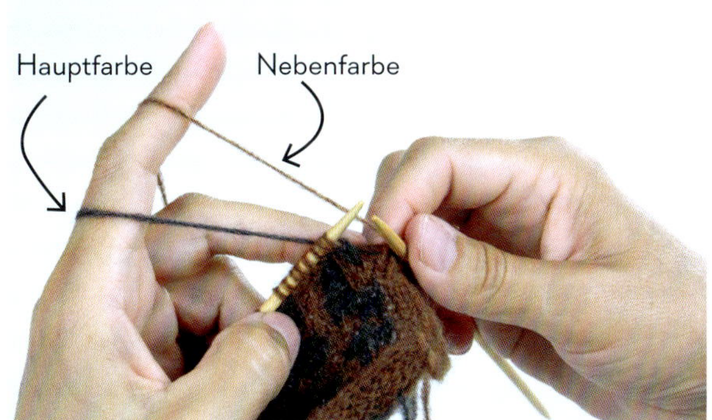

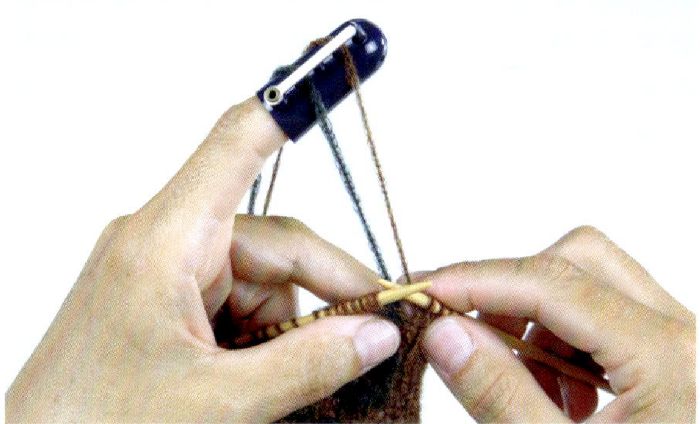

SPANNFÄDEN

Bei dem zweifarbigen Stricken wird die NF auf der Rückseite als Spannfaden mitgeführt. Damit die vordere Seite schön und glatt wird, sollten die Spannfäden immer unten liegen, die der HF darüber. Ein Spannfaden sollte nicht über mehr als 4 Maschen reichen, denn ein zu langer Spannfaden neigt dazu, straff zu werden und das Gestrick zusammenzuziehen. Schieben Sie während des Strickvorgangs die Maschen auf der rechten Nadel auseinander, so kann sich das mitlaufende Garn von selbst hinter die neuen Maschen legen. Die Verkreuzungspunkte sollten möglichst nicht immer an der gleichen Stelle übereinanderliegen.

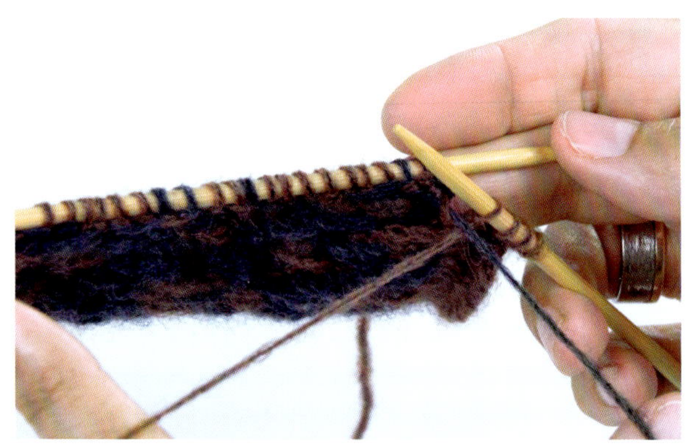

Wechsel von der Hauptfarbe zur Nebenfarbe

Holen Sie die NF unter der HF hindurch und stricken Sie die benötigten Maschenzahl.

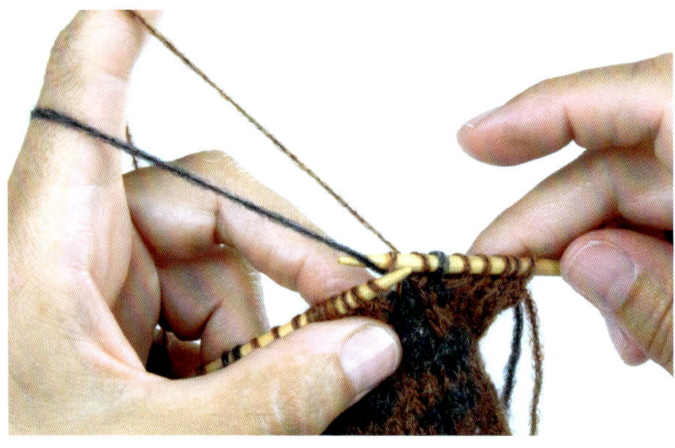

Wechsel von der Nebenfarbe zur Hauptfarbe

Holen Sie die HF über der NF und stricken Sie die benötigte Maschenanzahl. Die Maschen der rechten Nadel ausstreichen, damit der nicht benötigte Musterfaden nicht zu straff wird.

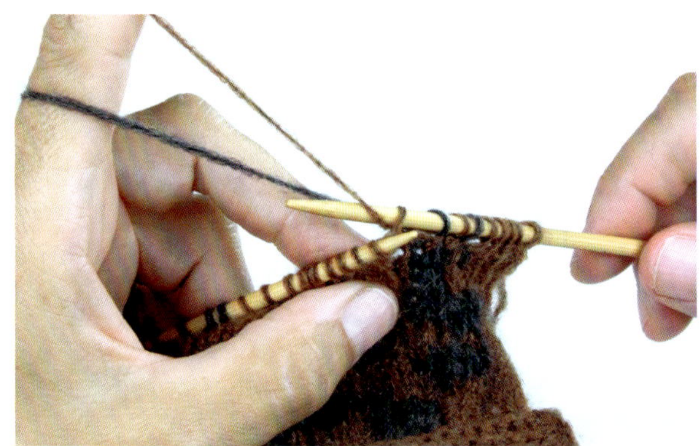

FADENFÜHRUNG AUF DER RÜCKSEITE

Auf der Rückseite müssen die Spannfäden immer parallel liegen und dürfen nicht miteinander verdreht sein. Um ein gleichmäßiges Maschenbild zu erhalten, muss der Faden der einen Farbe immer konsequent über oder unter dem Faden der anderen Farbe verlaufen.

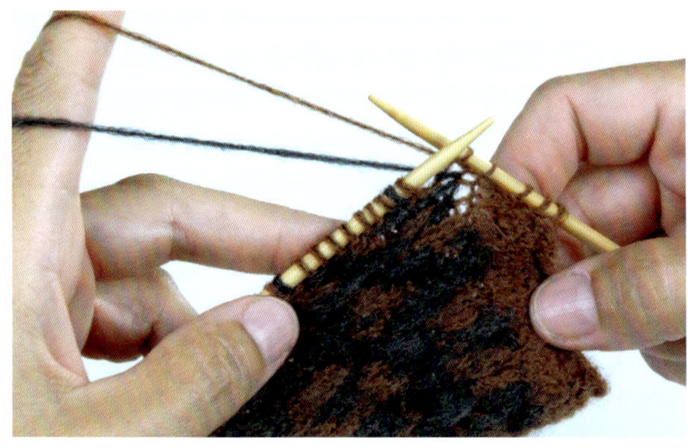

FÄDEN EINWEBEN

Das Einweben von Fäden ist eine nützliche Technik, mit der sich lange Spannfäden bei Musterabschnitten über mehr als 4 Maschen vermeiden oder Fadenenden beim Ansetzen eines neuen Fadens sichern lassen. Stricken Sie bis zu der Stelle, wo der Faden eingewebt werden soll, und verkreuzen Sie die Fäden auf der Rückseite. Dann stricken Sie mit beiden Fäden über mindestens 6–8 Maschen und weben den Faden ein, indem Sie ihn abwechselnd unter und über dem einzuwebenden Fadenstück holen und abstricken. Wenn Sie einen neuen Faden angesetzt haben, können Sie nun überstehenden Fadenenden abschneiden. So entfällt am Ende das lästige Vernähen der Fäden.

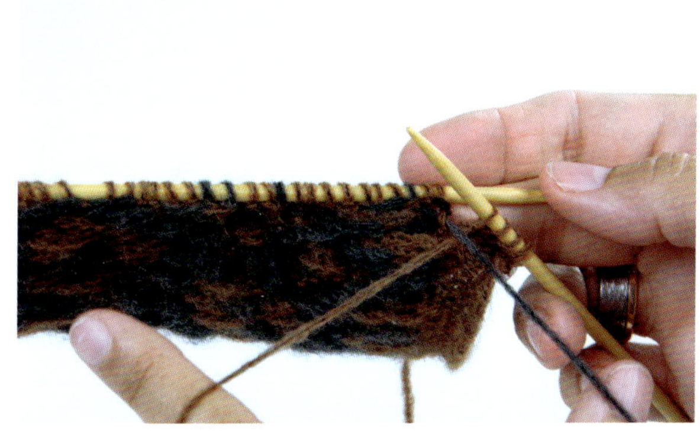

VERNÄHEN DER FADENENDEN

Falls Sie das Einweben der Fäden nicht mögen oder zur Sicherheit das Fadenende noch einmal vernähen möchten, dann lassen Sie jeweils ein ca. 10 cm langes Ende hängen. Vernähen Sie nun dieses Ende, indem Sie zuerst durch ein paar waagerechte Maschen auf der Rückseite der Arbeit stechen, ziehen Sie anschließend den Faden durch etwa 7–8 senkrechte Maschen nach unten und schneiden den Faden dort ab. Hier können Sie die Spannfäden nutzen, um den Vernähfaden zu verstecken.

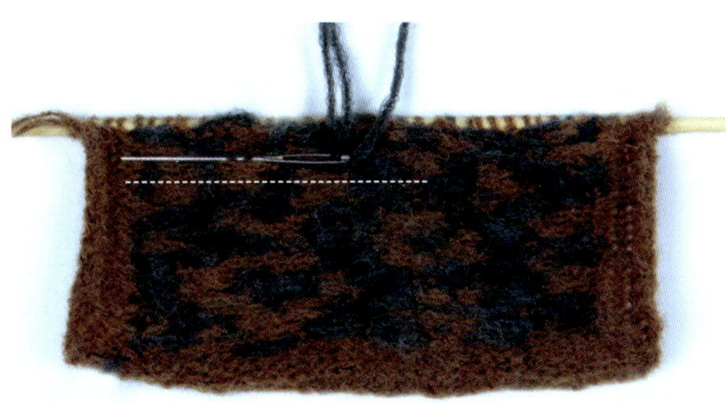

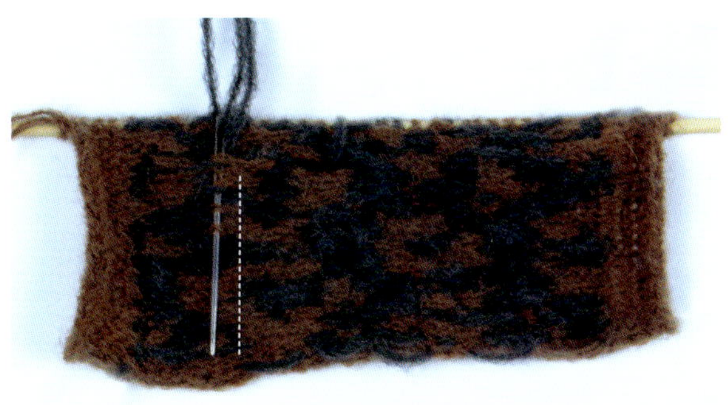

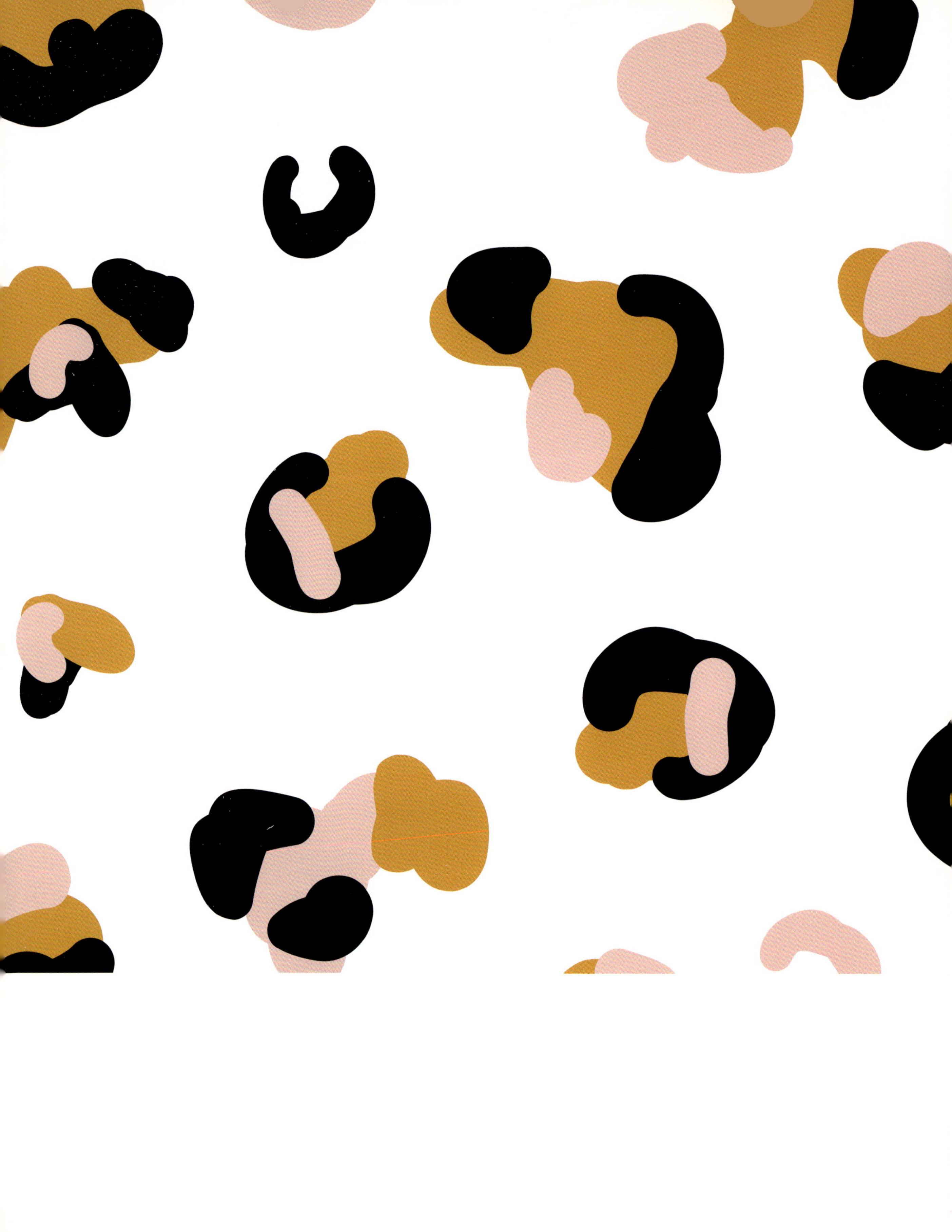

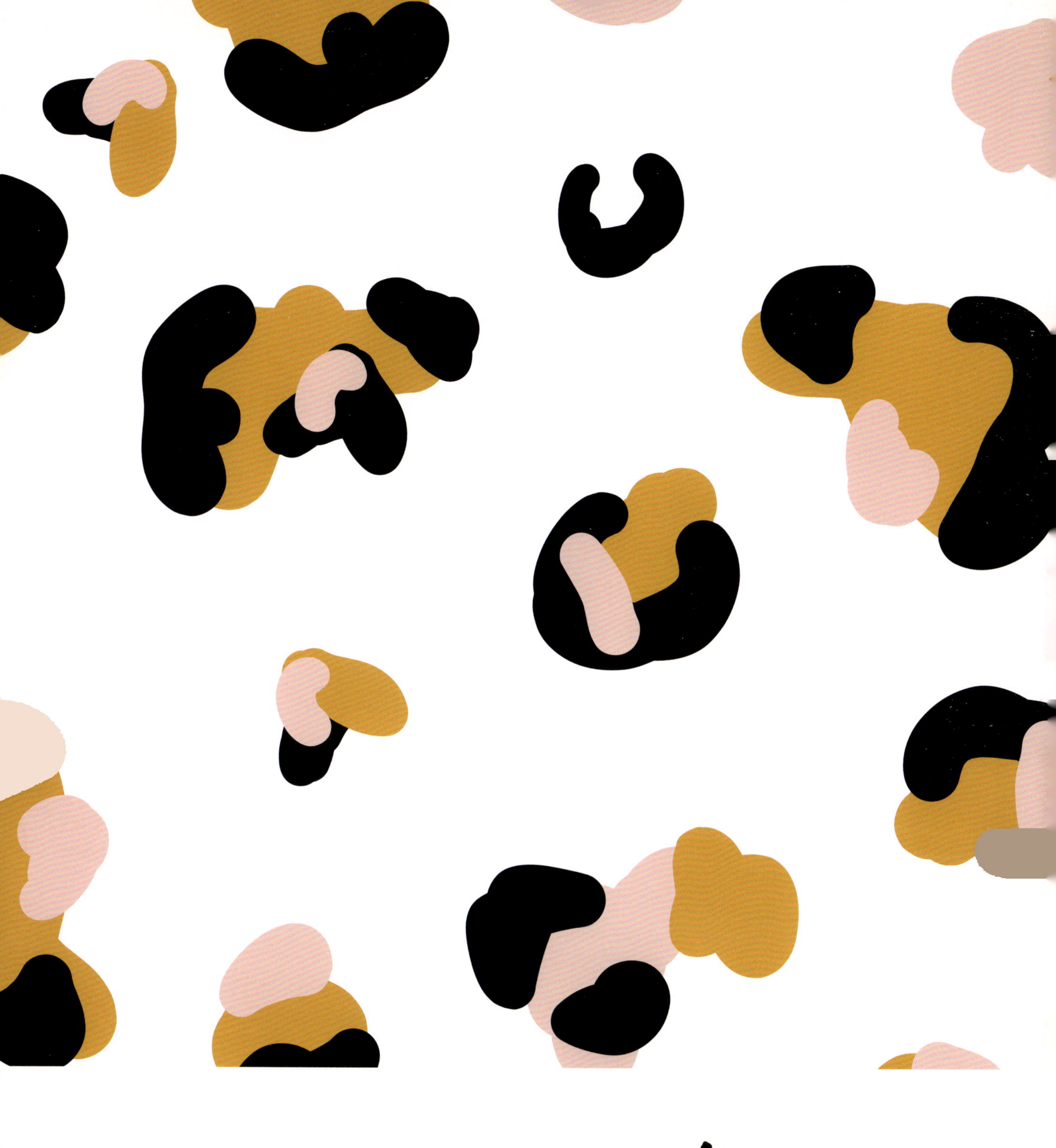

Projekte

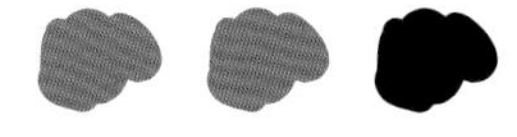

Zebra

MÜTZE

GRÖSSE

Kopfumfang 54–57 cm

MATERIAL

- Frida Fuchs Zackig Aran (100 % Wolle, LL 191 m/115 g) in Fb A Vanilleschote und Fb B Weißer Pfeffer, je 115 g
- Rundstricknadel 4,0 mm, 80 cm lang
- Rundstricknadel 3,5 mm, 80 cm lang
- 9 Maschenmarkierer
- Wollnadel
- 1 Kunstfellbommel

STRICKWEISE

Die Mütze wird mit einem Bündchen in Fb A (Vanilleschote) begonnen. Der Hauptteil wird glatt rechts in Jacquardtechnik nach dem Zählmuster gearbeitet.

TIPP

Das Garn reicht auch noch für die Handytasche.

MASCHENPROBE

Mit Nd 4,0 mm glatt rechts:
20 M und 30 R = 10 x 10 cm

GRUNDMUSTER

Bündchenmuster: * 1 M rechts, 1 M links str *, von * bis * stets wdh.

Glatt rechts in Rd: Stets rechte M str.

Zebramuster: Das Zebramuster in Fb A (Vanilleschote) und Fb B (Weißer Pfeffer) glatt rechts in Jacquardtechnik nach dem Zählmuster str. Die 18 M des Zählmusters über alle 90 M insgesamt 5x arbeiten und die 1.–30. Rd 1x str.

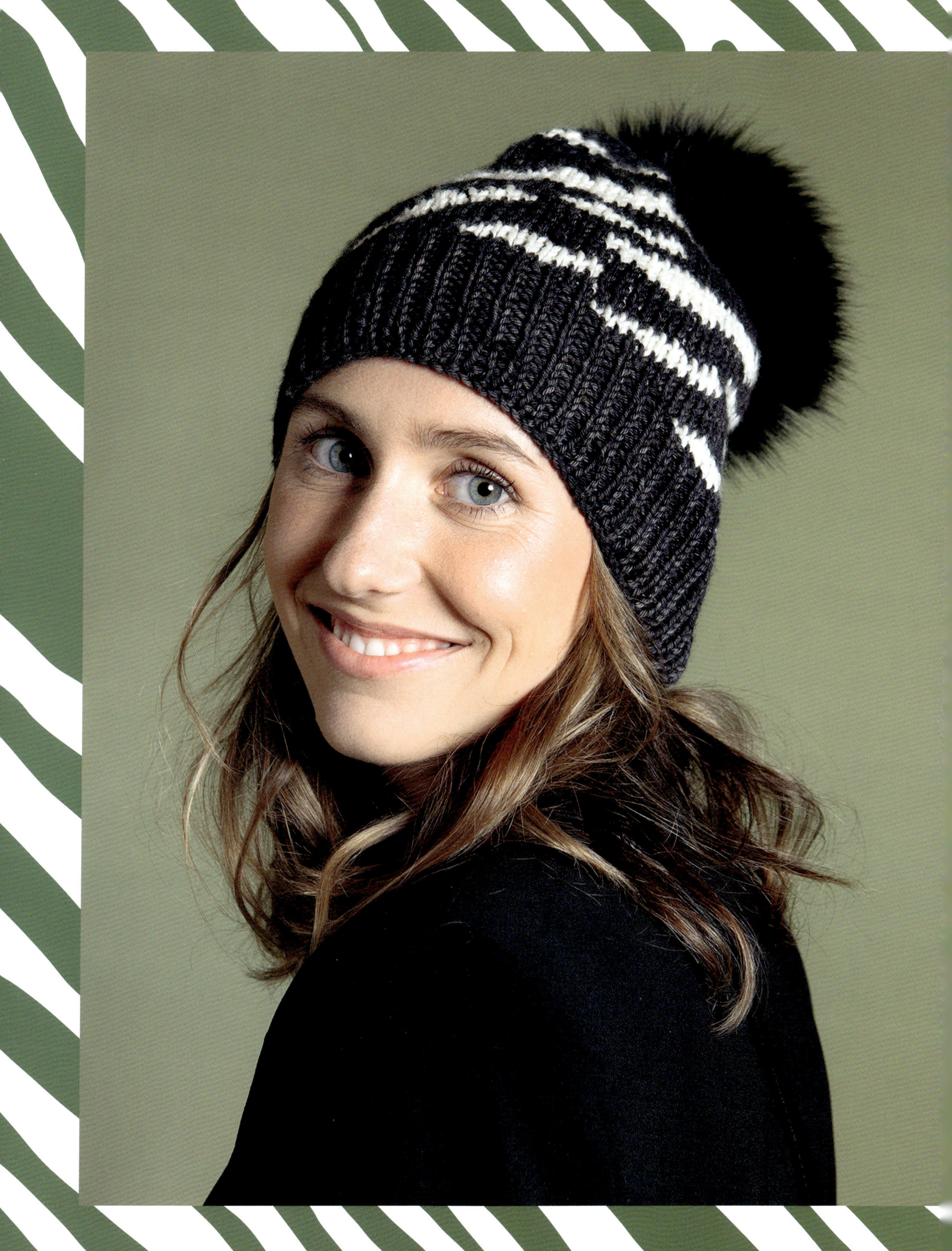

SO GEHT'S

Mit Nd 3,5 mm in Fb A (Vanilleschote) 90 M anschl und vorsichtig zur Rd schließen, den Rd-Anfang mit einem MM kennzeichnen. 6 cm im Bündchenmuster str.

Zu Nd 4,0 mm wechseln, 1 Rd rechte M in Fb A str. Dann das Zebramuster in Fb A und B gemäß Zählmuster arbeiten: Über alle M 5x das Zählmuster arbeiten und die 1.–30. Rd 1x str.
Fb B abschneiden und nur mit Fb A weiterarbeiten.

SCHLIESSEN DER MÜTZE DURCH ABNAHMEN

1. Rd: * 2 M rechts zusstr, 8 M rechts str, MM setzen *, von * bis * noch 8x wdh (= - 9 M).
2. Rd: Alle M rechts str.
3. Rd: * 2 M rechts zusstr, rechte M str bis MM, MM abh *, von * bis * noch 8x wdh (= - 9 M).
4. Rd: Alle M rechts str.
Die 3. und 4. Rd stets wdh, bis 18 M auf der Nd übrig sind. MM entfernen.
5. Rd: * 2 M rechts zusstr *, von * bis * stets wdh bis Rd-Ende.
Fd abschneiden und durch die verbliebenen 9 M ziehen.

FERTIGSTELLUNG

Fd-Enden vernähen. Die Mütze vorsichtig waschen und über einem Luftballon trocknen lassen: So bekommt sie gleich ihre runde Form.

BOMMEL

Den Kunstfellbommel nach dem Waschen an der Mütze festnähen.

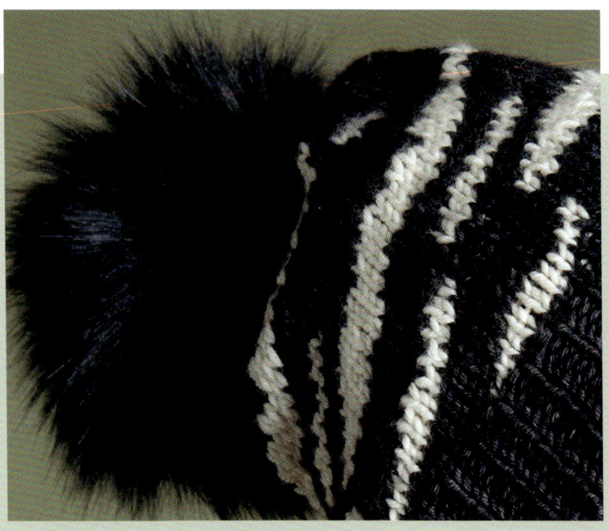

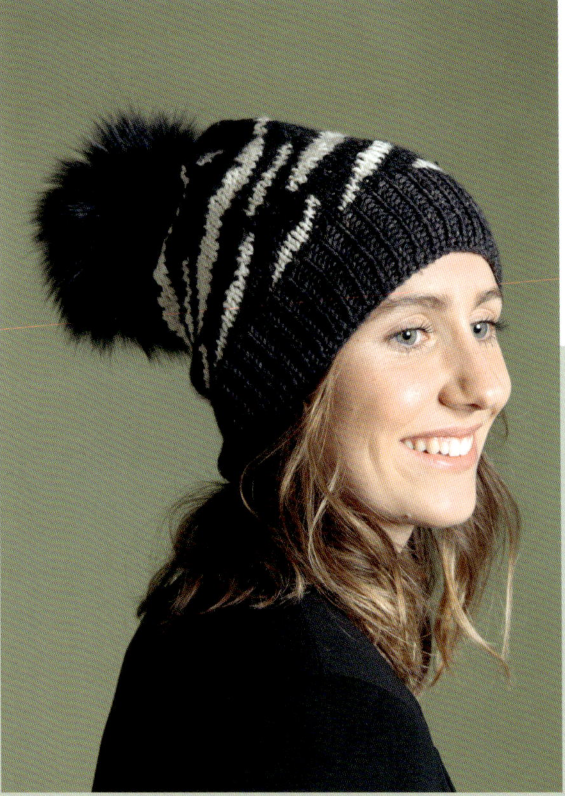

ZÄHLMUSTER

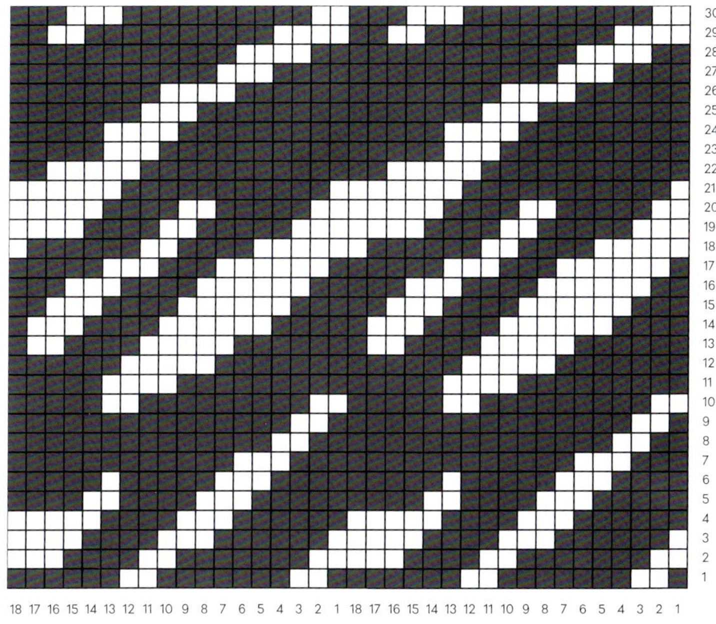

LEGENDE

■ = Fb A (Vanilleschote)
□ = Fb B (Weißer Pfeffer)

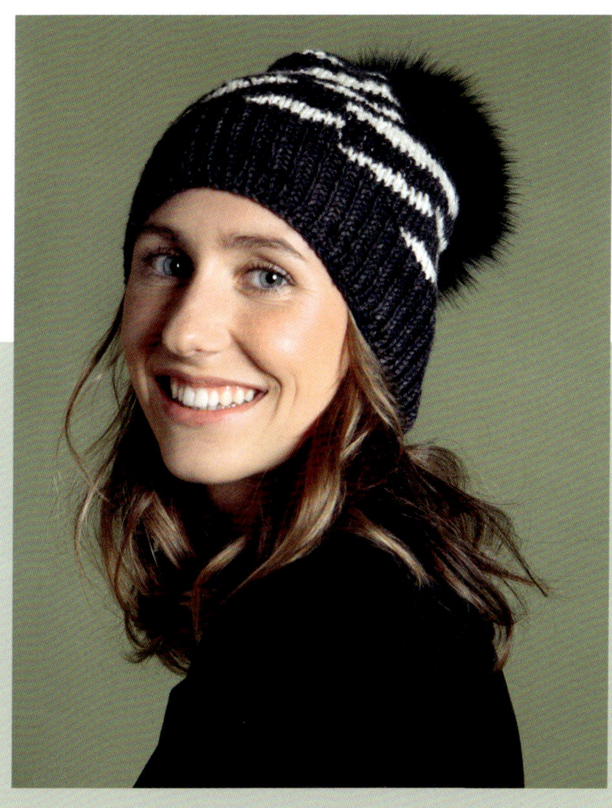

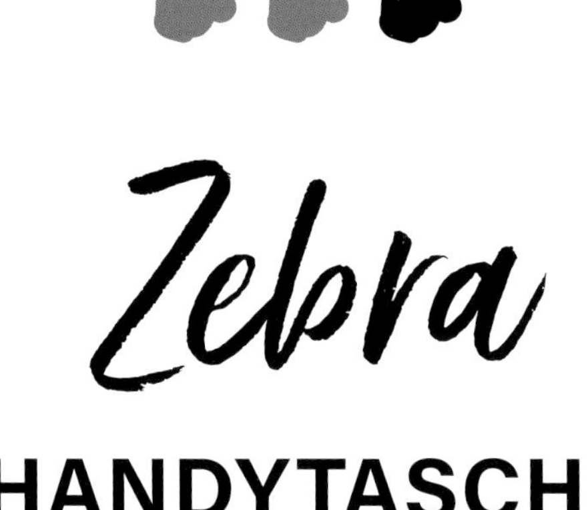

HANDYTASCHE

GRÖSSE

10 x 20 cm

MATERIAL

- Frida Fuchs Zackig Aran (100 % Wolle, LL 191 m/115 g) in Fb A Vanilleschote und Fb B Weißer Pfeffer, je 115 g
- Rundstricknadel 4,0 mm, 80 cm lang
- Rundstricknadel 3,5 mm, 80 cm lang
- 1 Maschenmarkierer
- Dünner Fadenrest, passend zu Fb A
- Wollnadel
- 1 Knopf
- 1 Lederriemen mit Karabinerhaken

STRICKWEISE

Zunächst wird mit einem provisorischen M-Anschlag begonnen und die Außentasche in Runden im Zebramuster gearbeitet. Für mehr Stabilität wird eine Innentasche in Fb A (Vanilleschote) direkt angestrickt und nach innen gestülpt. Die Nähte oben und unten werden im Maschenstich geschlossen.

MASCHENPROBE

Mit Nd 4,0 mm glatt rechts:
20 M und 30 R = 10 x 10 cm

GRUNDMUSTER

Glatt rechts in Rd: Stets rechte M str.
Zebramuster: Das Zebramuster in Fb A (Vanilleschote) und Fb B (Weißer Pfeffer) glatt rechts in Jacquardtechnik nach dem Zählmuster str. Die 18 M des Zählmusters über alle 36 M insgesamt 2x arbeiten (Vorder- und Rückseitenteil der Tasche) und die 1.–38. Rd 1x str.

TIPP

Die Breite kann beliebig angepasst werden, indem zwischen 2 Rapporten des Zebramusters z. B. je 2 M in Fb A eingefügt werden (+ 4 M).

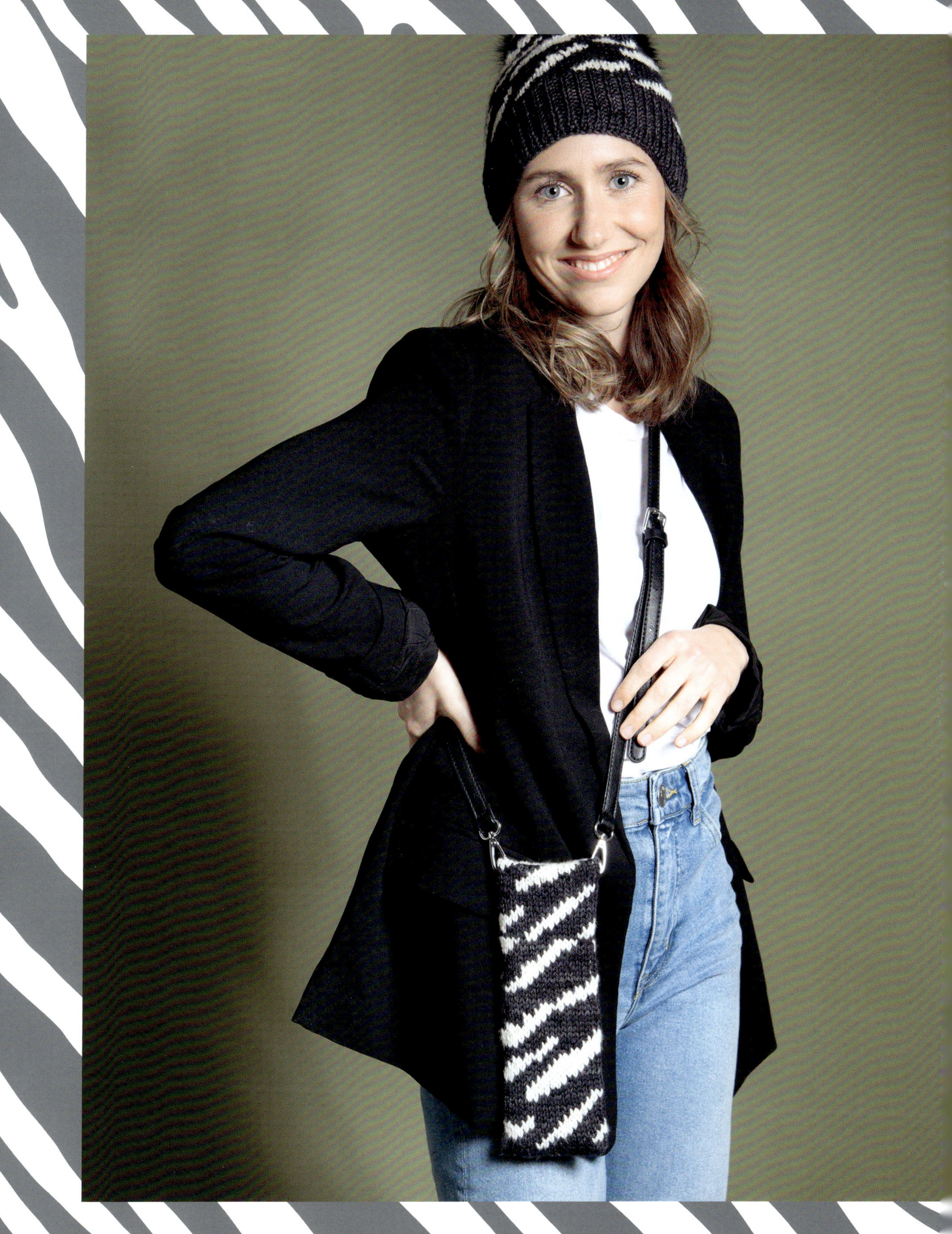

SO GEHT'S

AUSSENTASCHE

Mit Nd 4,0 mm in Fb A (Vanilleschote) 36 M provisorisch anschl und vorsichtig zur Rd schließen, den Rd-Anfang mit einem MM kennzeichnen. 2 Rd rechte M in Fb A str. Dann das Zebramuster in Fb A und B glatt rechts in Jacquardtechnik gemäß Zählmuster arbeiten: Über alle M 2x das Zählmuster arbeiten und die 1.–38. Rd 1x str und dann die 1.–22. Rd str. Hier kann die Länge an die Handygröße angepasst werden, jedoch etwas Platz für den Knopf lassen.
Fb B abschneiden und für die Innentasche mit Fb A weiterarbeiten.

INNENTASCHE

Mit Nd 3,5 mm 62 Rd glatt rechts str. Bei angepasster Länge der Außentasche hier die gleiche Rd-Anzahl stricken wie für die Außenseite.
M auf der Nd lassen und den Fd etwas länger abschneiden.

SCHLIESSEN DER NÄHTE

Vorder-und Rückenteil (jeweils ein Rapport des Zebramusters) der Handytasche werden nun im Maschenstich verbunden und somit die Naht oben geschlossen. Fd abschneiden.
Den provisorischen Anschlag vorsichtig auflösen und die offenen M auf eine Nd auffassen.
Die M mit Fb A wie an der oberen Kante im Maschenstich verbinden.
Fd abschneiden.

FERTIGSTELLUNG

Fd-Enden vernähen. Das Handytäschchen vorsichtig waschen, in Form ziehen und trocknen lassen.
Die Innentasche in Fb A nach innen stülpen.

KNOPF

Im vorderen Teil der Handytasche kann ein Knopfloch wie folgt eingearbeitet werden:
Ca. 1 cm unterhalb der Kante in der Mitte des Vorderteils mit dem Finger vorsichtig ein Loch bohren und die M weiten. Nun das Knopfloch mit einem dünnen Fadenrest in Fb A im Knopflochstich verstärken.
Der Knopf wird innen am Rückseitenteil angenäht.

LEDERRIEMEN

An den Seiten wird jeweils ein Knopfloch, wie davor beschrieben, gearbeitet und mit Knopflochstichen verstärkt. Hier können die Karabinerhaken des Lederriemens eingehakt werden.

ZÄHLMUSTER

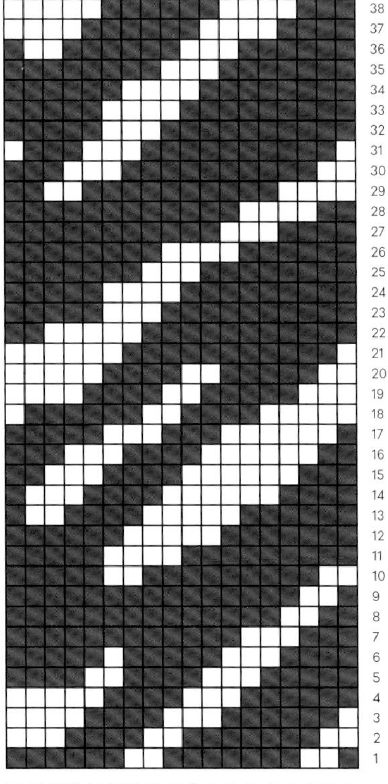

LEGENDE

■ = Fb A (Vanilleschote)
□ = Fb B (Weißer Pfeffer)

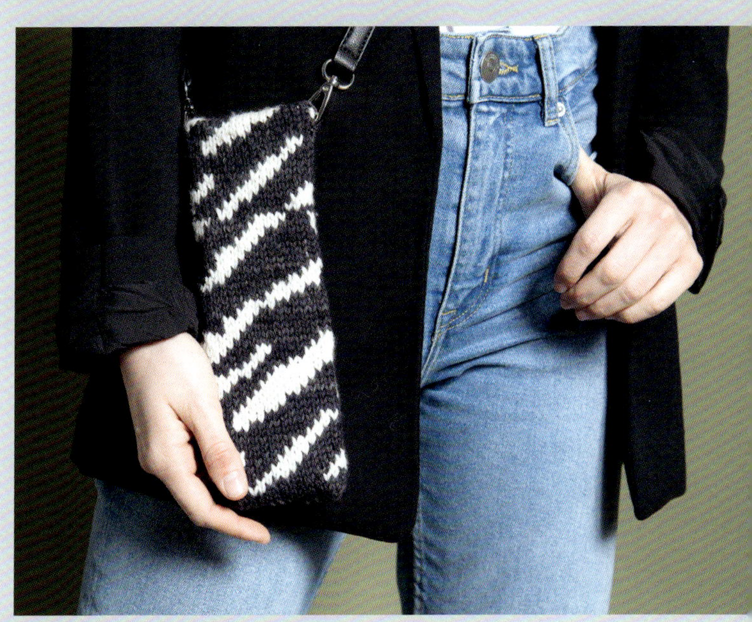

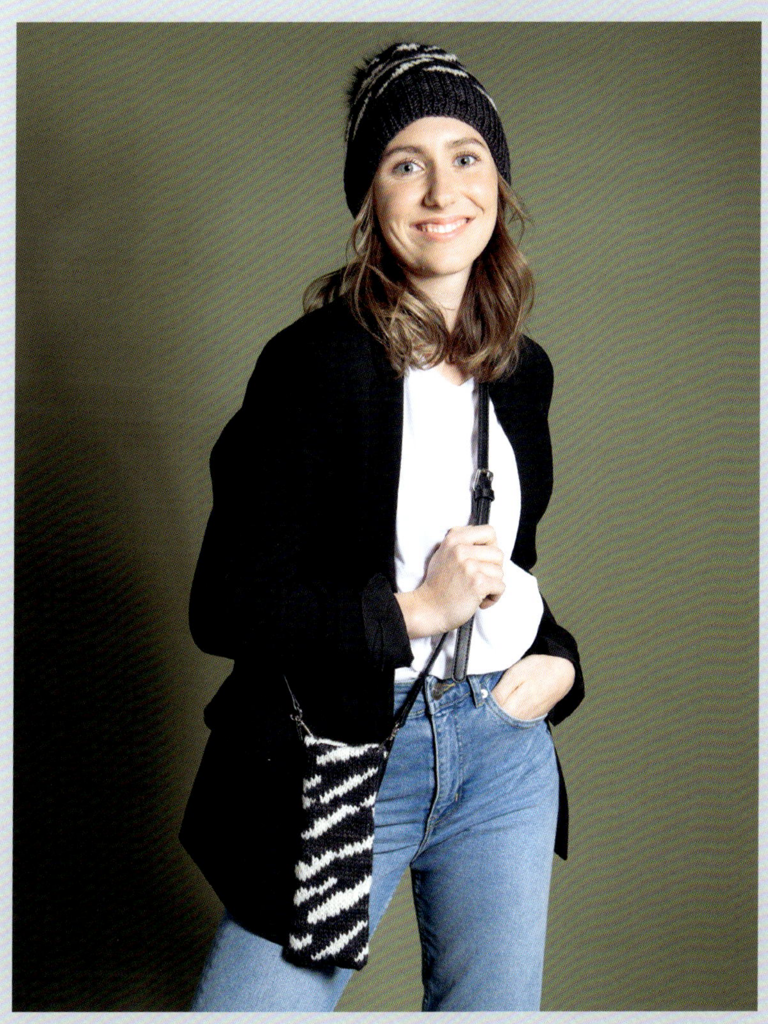

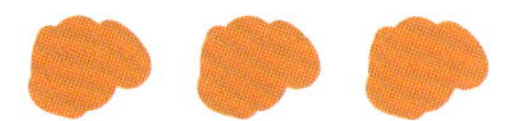

Zebra

SCHAL

GRÖSSE

ca. 24 x 220 cm

MATERIAL

- Frida Fuchs Steppke (100 % Superwash-Merinowolle, LL 366 m/100 g) in Fb A Vanilleschote, 200 g, und Fb B Weißer Pfeffer, 100 g
- Rundstricknadel 3,5 mm, 80 cm lang
- Maschenmarkierer
- Wollnadel

STRICKWEISE

Zunächst wird mit einem Bündchenmuster in Fb A (Vanilleschote) begonnen. Danach wird der Schal glatt rechts in Jacquardtechnik im Zebramuster gearbeitet, bevor der Schal wieder im Bündchenmuster beendet wird.

MASCHENPROBE

Mit Nd 3,5 mm glatt rechts:
24 M und 34 R = 10 x 10 cm

GRUNDMUSTER

Glatt rechts in R: In Hin-R rechte M, in Rück-R linke M str.

Bündchenmuster:
Hin-R: RM, * 1 M rechts verschr, 1 M links *, von * bis * wdh bis 5 M vor Ende, RM.
Rück-R: RM, * 1 M rechts, 1 M links verschr *, von * bis * wdh bis 5 M vor Ende, RM.
Die RM mit je einem MM kennzeichnen.

Zebramuster: Das Zebramuster in Fb A (Vanilleschote) und Fb B (Weißer Pfeffer) glatt rechts in Jacquardtechnik nach dem Zählmuster str. Das Zählmuster über alle 62 M arbeiten und die 1.–98. R 6x str.

RANDMASCHEN

Für einen schönen Rand werden die ersten und letzten 5 M wie folgt gestrickt:
Hin-R: 1 M links, * 1 M abh (FV), 1 M links str *, von * bis * 1x wdh.
Rück-R: 1 M rechts, * 1 M links, 1 M rechts str *, von * bis * 1x wdh.

TIPP

Es kann auch mit einem dickeren Garn gestrickt werden, dann verändert sich jedoch die Breite und die Länge des Schals.

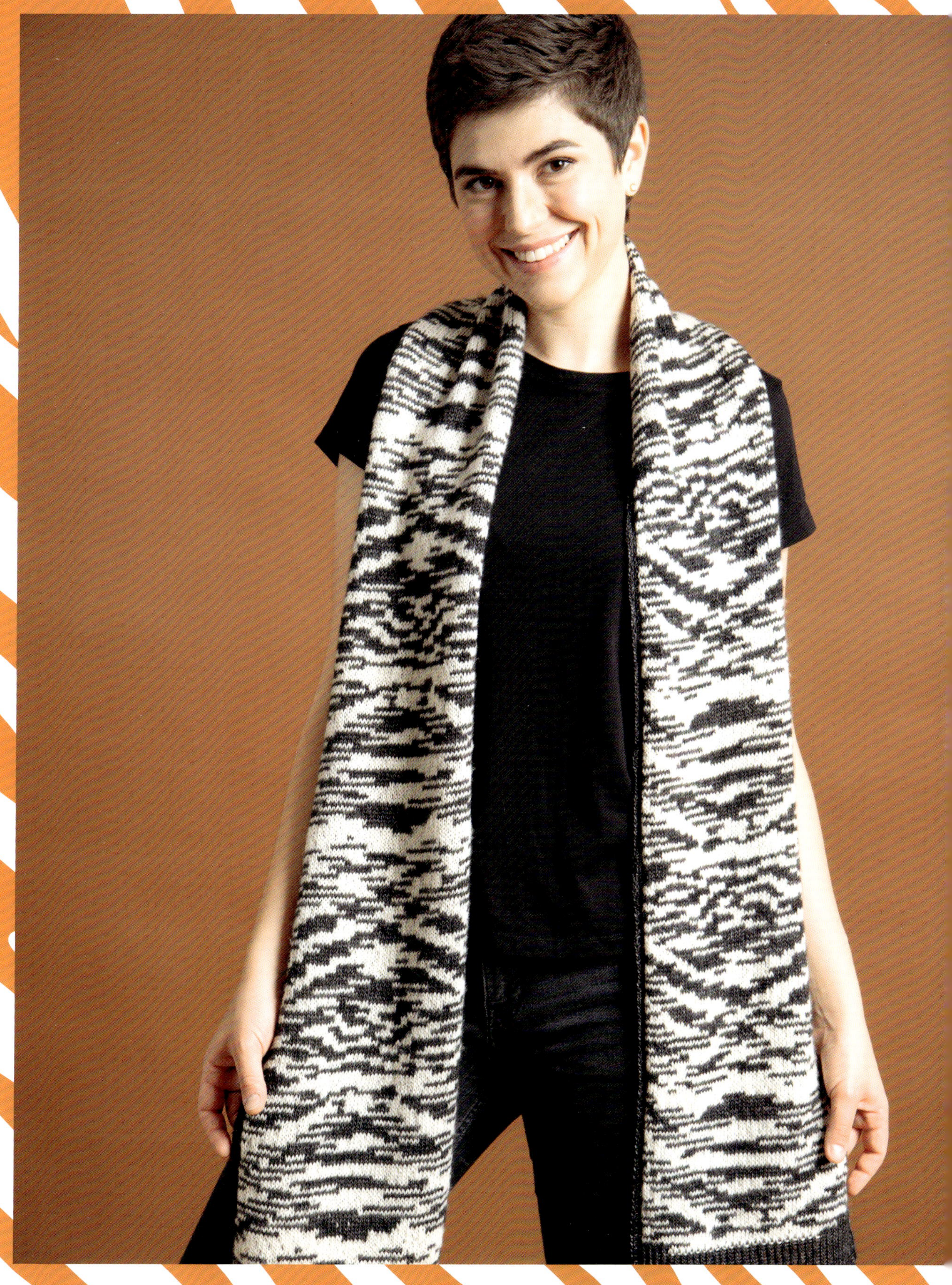

SO GEHT'S

BÜNDCHENRAND

Mit Nd 3,5 mm in Fb A (Vanilleschote) 72 M anschl. 4 cm im Bündchenmuster str, mit einer Hin-R enden. **Nächste Rück-R:** RM, linke M str bis 5 M vor Ende, RM.

HAUPTTEIL

Dann das Zebramuster in Fb A und B glatt rechts in Jacquardtechnik gemäß Zählmuster arbeiten: Über alle M 1x das Zählmuster arbeiten und die 1.–98. R 6x str.

ZÄHLMUSTER

weiter →

LEGENDE

■ = Fb A (Vanilleschote)
□ = Fb B (Weißer Pfeffer)

BÜNDCHENRAND

Fb B abschneiden und mit Fb A 4 cm im Bündchenmuster str. M locker abk.

FERTIGSTELLUNG

Fd-Enden vernähen. Den Schal vorsichtig waschen, flach ausgebreitet in Form ziehen und trocknen lassen.

Hier geht's weiter ↑

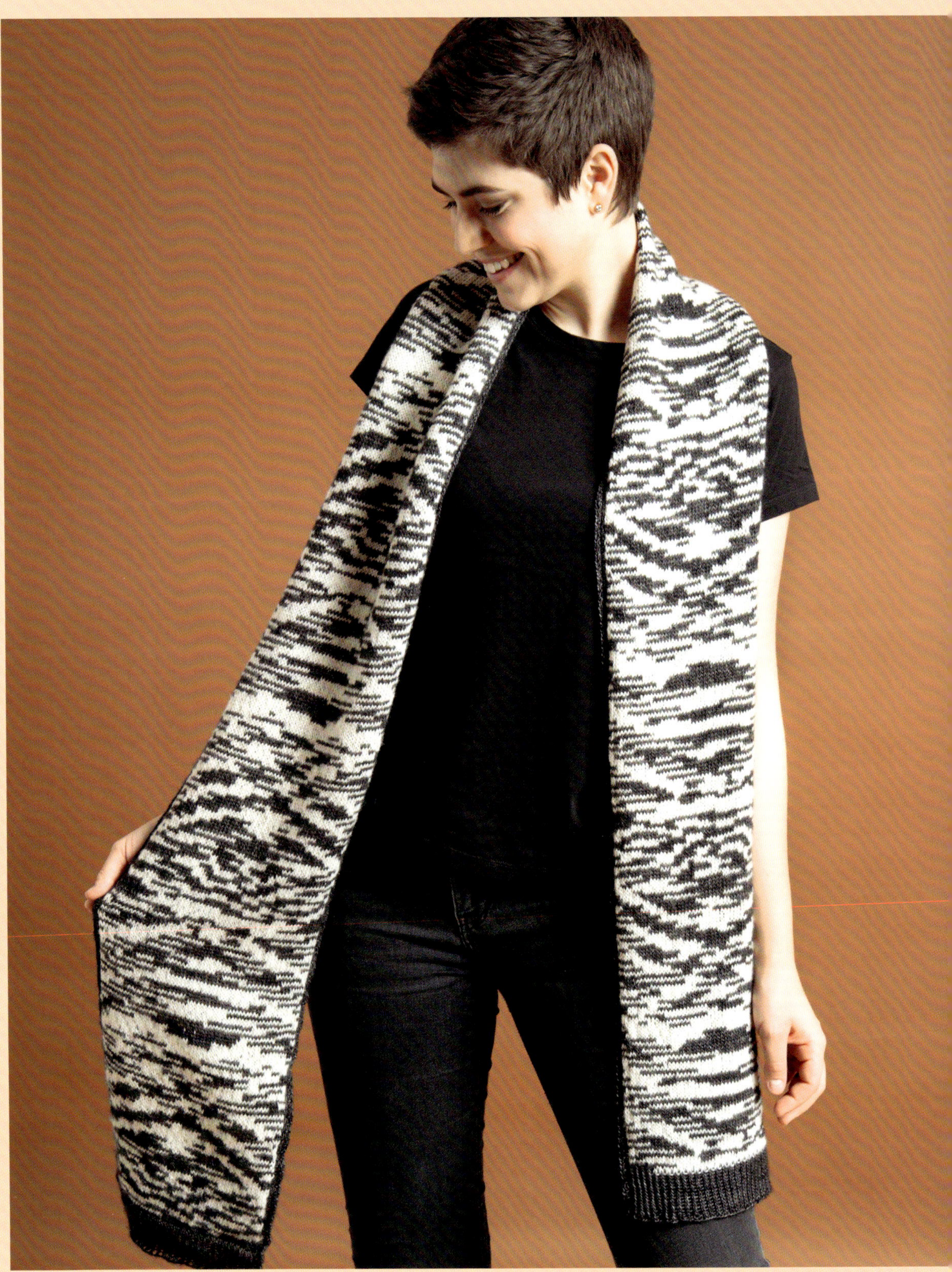

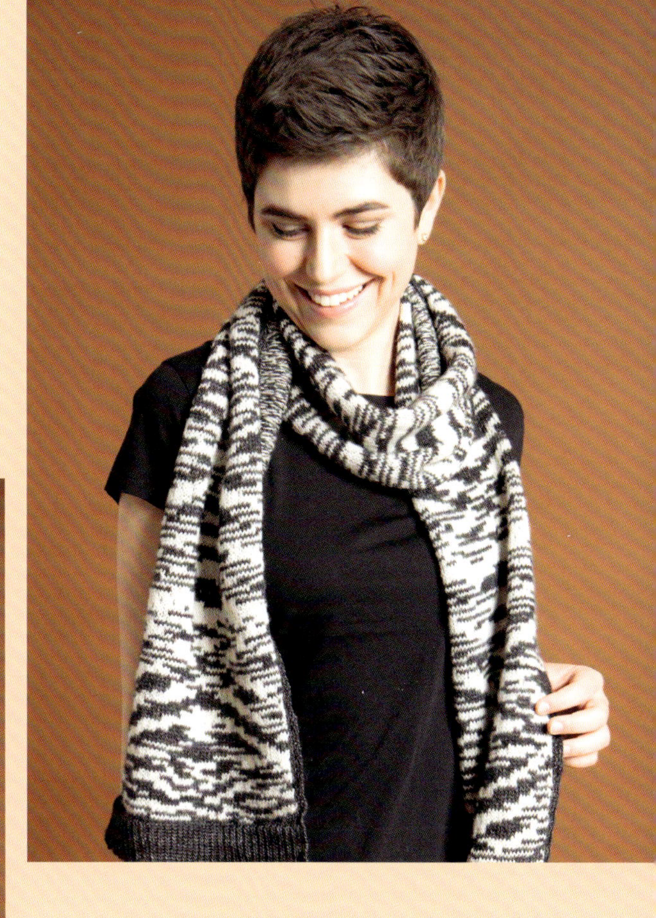

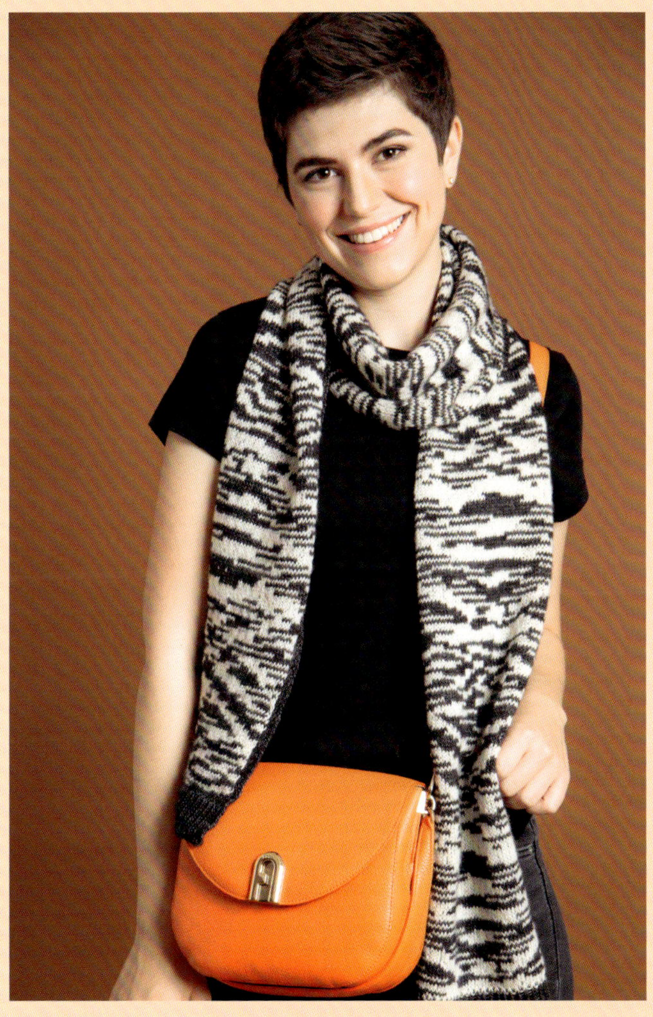

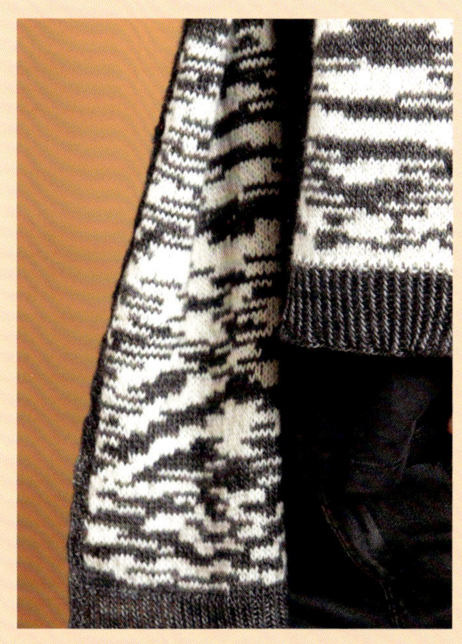

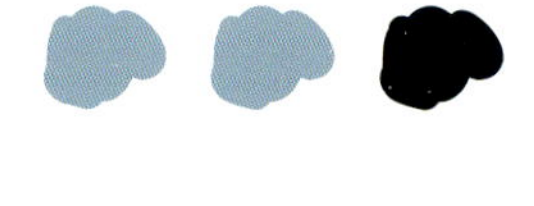

Zebra

TUCH

GRÖSSE

260 x 80 cm

MATERIAL

- Garn A: Ito Sensai (60 % Mohair, 40 % Seide, LL 240 m/20 g) in Black (Fb 323), 80 g
- Garn B: Ito Rakuda (70 % Wolle, 30 % Kamel, LL 212 m/40 g) in Black (Fb 640), 40 g
- Rundstricknadel 4,0 mm, 80 cm lang
- 1 Maschenmarkierer
- Wollnadel

STRICKWEISE

Das Tuch wird von einer seitlichen Spitze über die Mitte zur anderen seitlichen Spitze gestrickt. Den hauchzarten Look erhält es durch das Mohairgarn Sensai (Garn A), durchzogen mit Zebrastreifen, die doppelfädig aus Rakuda (Garn B) und Sensai (Garn A) eingestrickt werden.

MASCHENPROBE

Mit Nd 4,0 mm einfädig (Sensai) glatt rechts:
17 M und 30 R = 10 x 10 cm (gewaschen und stark gespannt)

GRUNDMUSTER

Glatt rechts in R: In Hin-R rechte M, in Rück-R linke M str.
Zebramuster: Das Muster ergibt sich aus verk R und wird für jede R einzeln beschrieben.

HINWEIS

Die Wiederholungen in der Anleitung werden nicht als eigene Nummerierung aufgeführt.

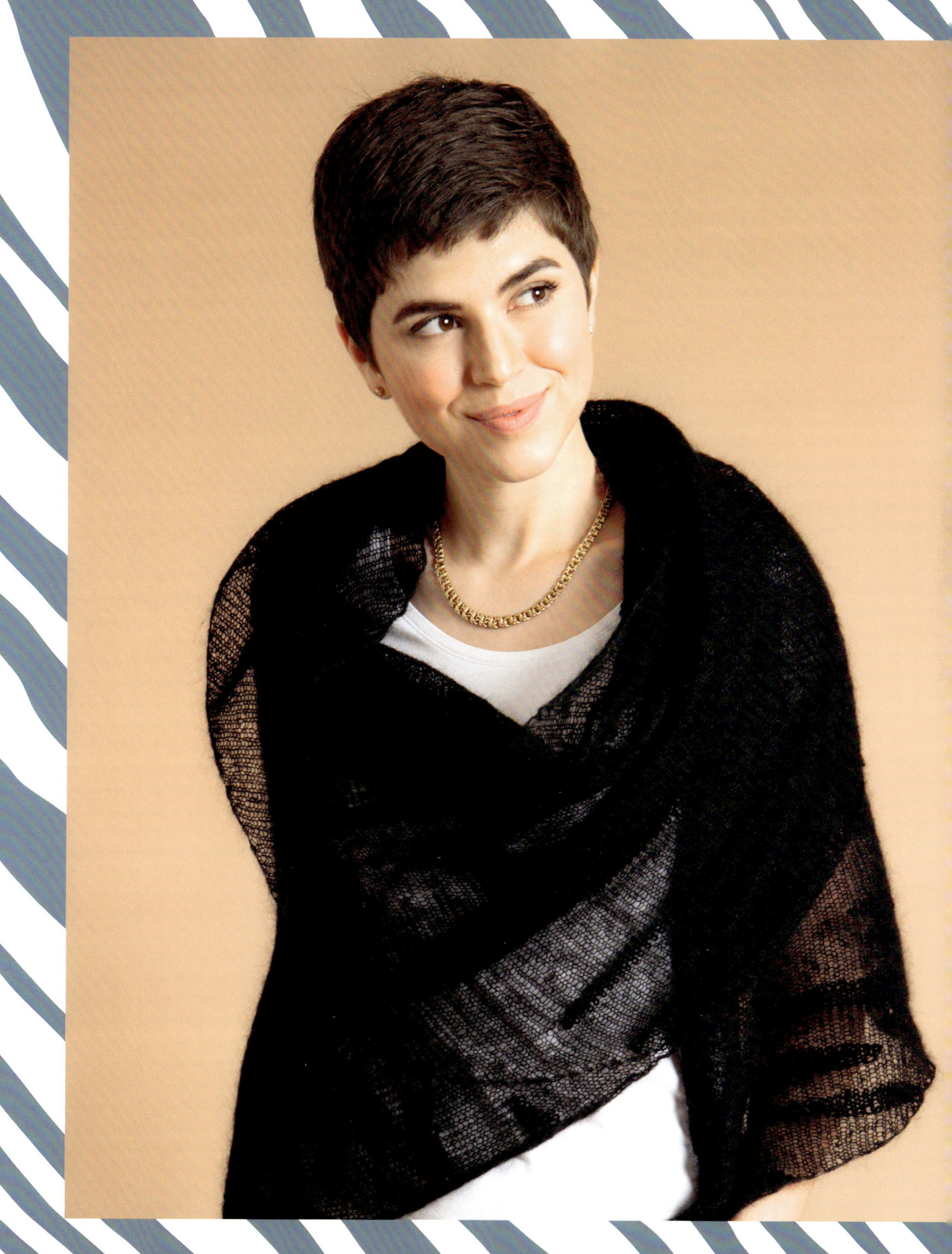

SO GEHT'S

1. TEIL

Mit Nd 4,0 mm und Garn A (Sensai) 3 M anschl.
Nächste R (Rück-R): 2 M aus 1 M rechts herausstr, 1 M links str, 2 M aus 1 M rechts herausstr (= 5 M).
1. R (Hin-R): 2 M aus 1 M rechts herausstr, 2 M wie zum Links-Str abh, 1 M rechts str, die abgehobenen M über die rechts gestrickte M überziehen (Mittel-M), MM setzen, 2 M aus 1 M rechts herausstr (= 5 M).
2. R (Rück-R): 2 M aus 1 M rechts herausstr, links str bis 1 M vor R-Ende, 2 M aus 1 M rechts herausstr (= 7 M).
3. R (Hin-R): 2 M aus 1 M rechts herausstr, rechts str bis 2 M vor MM, 2 M wie zum Links-Str abh, MM entfernen, 1 M rechts str, die abgehobenen M über die rechts gestrickte M überziehen (Mittel-M), MM setzen, rechts str bis 1 M vor R-Ende, 2 M aus 1 M rechts herausstr (= 7 M).
4. R (Rück-R): 2 M aus 1 M rechts herausstr, links str bis 1 M vor R-Ende, 2 M aus 1 M rechts herausstr (= 9 M).

Die 3. und 4. R 16x wdh, bis 41 M auf der Nd sind (21 M/20 M).

VERKÜRZTE REIHEN A

Die verk R werden doppelfädig (mit je 1 Fd von Rakuda und Sensai) gestrickt. Die WM werden in den nächsten R immer rechts bzw. links gestrickt.
5. R (Hin-R): Einfädig mit Garn A (Sensai) 2 M aus 1 M rechts herausstr, 1 M rechts str, doppelfädig (Sensai + Rakuda) 13 M rechts str, wenden.
6. R (verk R): WM, 13 M links str, wenden.
7. R (verk R): WM, 11 M rechts str, wenden.
8. R (verk R): WM, 10 M links str, wenden.
9. R (verk R): WM, 7 M rechts str, Garn B (Rakuda) abschneiden, einfädig mit Garn A (Sensai) rechts str bis 2 M vor MM, 2 M wie zum Links-Str abh, MM entfernen, 1 M rechts str, die abgehobenen M über die rechts gestrickte M überziehen (Mittel-M), MM setzen, 3 M rechts str, doppelfädig (Sensai + Rakuda) 13 M rechts str, wenden.
10. R (verk R): WM, 12 M links str, wenden.
11. R (verk R): WM, 13 M rechts str, wenden.
12. R (verk R): WM, 11 M links str, wenden.
13. R (verk R): WM, 9 M rechts str, Garn B (Rakuda) abschneiden, einfädig mit Garn A (Sensai) rechts str bis 1 M vor R-Ende, 2 M aus 1 M rechts herausstr. (= 41 M).
14. R (Rück-R): Wie die 4. R str.

Die 3. und 4. R 3x wdh, bis 49 M auf der Nd sind (25 M/24 M).

VERKÜRZTE REIHEN B

Die verk R werden doppelfädig (mit je 1 Fd von Rakuda und Sensai) gestrickt.
15. R (Hin-R): Einfädig mit Garn A (Sensai) 2 M aus 1 M rechts herausstr, rechts str bis 2 M vor MM, 2 M wie zum Links-Str abh, MM entfernen, 1 M rechts str, die abgehobenen M über die rechts gestrickte M überziehen (Mittel-M), MM setzen, 9 M rechts str, doppelfädig (Sensai + Rakuda) 9 M rechts str, wenden.
16. R (verk R): WM, 9 M links str, wenden.
17. R (verk R): WM, 8 M rechts str, wenden.
18. R (verk R): WM, 10 M links str, wenden.
19. R (verk R): WM, 9 M rechts str, Garn B (Rakuda) abschneiden, einfädig mit Garn A (Sensai) rechts str bis 1 M vor R-Ende, 2 M aus 1 M rechts herausstr (= 49 M).
20. R (Rück-R): Wie die 4. R str.

Die 3. und 4. R 2x wdh, bis 55 M auf der Nd sind (28 M/27 M).

VERKÜRZTE REIHEN C

Die verk R werden doppelfädig (mit je 1 Fd von Rakuda und Sensai) gestrickt.
21. R (Hin-R): Einfädig mit Garn A (Sensai) 2 M aus 1 M rechts herausstr, 1 M rechts str, doppelfädig (Sensai + Rakuda) 15 M rechts str, wenden.
22. R (verk R): WM, 14 M links str, wenden.
23. R (verk R): WM, 11 M rechts str, wenden.
24. R (verk R): WM, 10 M links str, wenden.
25. R (verk R): WM, 5 M rechts str, Garn B (Rakuda) abschneiden, einfädig mit Garn A (Sensai) rechts str bis 2 M vor MM, 2 M wie zum Links-Str abh, MM entfernen, 1 M rechts str, die abgehobenen M über die rechts gestrickte M überziehen (Mittel-M), MM setzen, rechts str bis 1 M vor R-Ende, 2 M aus 1 M rechts herausstr. (= 55 M).
26. R (Rück-R): Wie die 4. R str.

Die 3. und 4. R 1x wdh, bis 59 M auf der Nd sind (30 M/29 M).

VERKÜRZTE REIHEN D

Die verk R werden doppelfädig (mit je 1 Fd von Rakuda und Sensai) gestrickt.
27. R (Hin-R): Einfädig mit Garn A (Sensai) 2 M aus 1 M rechts herausstr, rechts str bis 2 M vor MM, 2 M wie zum Links-Str abh, MM entfernen, 1 M rechts str, die abgehobenen M über die rechts gestrickte M überziehen (Mittel-M), MM setzen, 1 M rechts str, doppelfädig (Sensai + Rakuda) 9 M rechts str, wenden.
28. R (verk R): WM, 7 M links str, wenden.
29. R (verk R): WM, 10 M rechts str, wenden.
30. R (verk R): WM, 8 M links str, wenden.
31. R (verk R): WM, 10 M rechts str, Garn B (Rakuda) abschneiden, einfädig mit Garn A (Sensai) rechts str bis 1 M vor R-Ende, 2 M aus 1 M rechts herausstr (= 59 M).
32. R (Rück-R): Wie die 4. R str.

Die 3. und 4. R 2x wdh, bis 65 M auf der Nd sind (33 M/32 M).

VERKÜRZTE REIHEN E

Die verk R werden doppelfädig (mit je 1 Fd von Rakuda und Sensai) gestrickt.
33. R (Hin-R): Einfädig mit Garn A (Sensai) 2 M aus 1 M rechts herausstr, 18 M rechts str, doppelfädig (Sensai + Rakuda) 8 M rechts str, wenden.
34. R (verk R): WM, 9 M links str, wenden.
35. R (verk R): WM, 8 M rechts str, wenden.
36. R (verk R): WM, 10 M links str, wenden.
37. R (verk R): WM, 9 M rechts str, Garn B (Rakuda) abschneiden, einfädig mit Garn A (Sensai) rechts str bis 2 M vor MM, 2 M wie zum Links-Str abh, MM entfernen, 1 M rechts str, die abgehobenen M über die rechts gestrickte M überziehen (Mittel-M), MM setzen, rechts str bis 1 M vor R-Ende, 2 M aus 1 M rechts herausstr (= 65 M).
38. R (Rück-R): Wie die 4. R str.

VERKÜRZTE REIHEN F

Die verk R werden doppelfädig (mit je 1 Fd von Rakuda und Sensai) gestrickt.
39. R (Hin-R): Einfädig mit Garn A (Sensai) 2 M aus 1 M rechts herausstr, rechts str bis 2 M vor MM, 2 M wie zum Links-Str abh, MM entfernen, 1 M rechts str, die abgehobenen M über die rechts gestrickte M überziehen (Mittel-M), MM setzen, 10 M rechts str, doppelfädig (Sensai + Rakuda) 17 M rechts str, wenden.
40. R (verk R): WM, 16 M links str, wenden.
41. R (verk R): WM, 17 M rechts str, wenden.
42. R (verk R): WM, 16 M links str, wenden.
43. R (verk R): WM, 17 M rechts str, Garn B (Rakuda) abschneiden, einfädig mit Garn A (Sensai) rechts str bis 1 M vor R-Ende, 2 M aus 1 M rechts herausstr (= 67 M).
44. R (Rück-R): Wie die 4. R str.

Die 3. und 4. R 3x wdh, bis 75 M auf der Nd sind (38 M/37 M).

VERKÜRZTE REIHEN G

Die verk R werden doppelfädig (mit je 1 Fd von Rakuda und Sensai) gestrickt.
45. R (Hin-R): Einfädig mit Garn A (Sensai) 2 M aus 1 M rechts herausstr, 1 M rechts str, doppelfädig (Sensai + Rakuda) 19 M rechts str, wenden.
46. R (verk R): WM, 18 M links str, wenden.
47. R (verk R): WM, 15 M rechts str, wenden.
48. R (verk R): WM, 13 M links str, wenden.
49. R (verk R): WM, 9 M rechts str, Garn B (Rakuda) abschneiden, einfädig mit Garn A (Sensai) rechts str bis 2 M vor MM, 2 M wie zum Links-Str abh, MM entfernen, 1 M rechts str, die abgehobenen M über die rechts gestrickte M überziehen (Mittel-M), MM setzen, 3 M rechts str, doppelfädig (Sensai + Rakuda) 9 M rechts str, wenden.
50. R (verk R): WM, 8 M links str, wenden.
51. R (verk R): WM, 10 M rechts str, wenden.
52. R (verk R): WM, 7 M links str, wenden.
53. R (verk R): WM, 11 M rechts str, Garn B (Rakuda) abschneiden, einfädig mit Garn A (Sensai) rechts str bis 1 M vor R-Ende, 2 M aus 1 M rechts herausstr (= 75 M).
54. R (Rück-R): Wie die 4. R str.

Die 3. und 4. R 3x wdh, bis 83 M auf der Nd sind (42 M/41 M).

VERKÜRZTE REIHEN H

Die verk R werden doppelfädig (mit je 1 Fd von Rakuda und Sensai) gestrickt.
55. R (Hin-R): Einfädig mit Garn A (Sensai) 2 M aus 1 M rechts herausstr, 16 M rechts str, doppelfädig (Sensai + Rakuda) 17 M rechts str, wenden.
56. R (verk R): WM, 16 M links str, wenden.
57. R (verk R): WM, 14 M rechts str, wenden.
58. R (verk R): WM, 13 M links str, wenden.

59. R (verk R): WM, 11 M rechts str, Garn B (Rakuda) abschneiden, einfädig mit Garn A (Sensai) rechts str bis 2 M vor MM, 2 M wie zum Links-Str abh, MM entfernen, 1 M rechts str, die abgehobenen M über die rechts gestrickte M überziehen (Mittel-M), MM setzen, 23 M rechts str, doppelfädig (Sensai + Rakuda) 10 M rechts str, wenden.
60. R (verk R): WM, 9 M links str, wenden.
61. R (verk R): WM, 8 M rechts str, wenden.
62. R (verk R): WM, 7 M links str, wenden.
63. R (verk R): WM, 7 M rechts str, Garn B (Rakuda) abschneiden, einfädig mit Garn A (Sensai) rechts str bis 1 M vor R-Ende, 2 M aus 1 M rechts herausstr (= 83 M).
64. R (Rück-R): Wie die 4. R str.

Die 3. und 4. R 3x wdh, bis 91 M auf der Nd sind (46 M/45 M).

VERKÜRZTE REIHEN I

Die verk R werden doppelfädig (mit je 1 Fd von Rakuda und Sensai) gestrickt.
65. R (Hin-R): Einfädig mit Garn A (Sensai) 2 M aus 1 M rechts herausstr, rechts str bis 2 M vor MM, 2 M wie zum Links-Str abh, MM entfernen, 1 M rechts str, die abgehobenen M über die rechts gestrickte M überziehen (Mittel-M), MM setzen, 8 M rechts str, doppelfädig (Sensai + Rakuda) 31 M rechts str, wenden.
66. R (verk R): WM, 30 M links str, wenden.
67. R (verk R): WM, 29 M rechts str, wenden.
68. R (verk R): WM, 26 M links str, wenden.
69. R (verk R): WM, 24 M rechts str, wenden.
70. R (verk R): WM, 14 M links str, wenden.
71. R (verk R): WM, 12 M rechts str, Garn B (Rakuda) abschneiden, einfädig mit Garn A (Sensai) rechts str bis 1 M vor R-Ende, 2 M aus 1 M rechts herausstr (= 91 M).
72. R (Rück-R): Wie die 4. R str.

VERKÜRZTE REIHEN J

Die verk R werden doppelfädig (mit je 1 Fd von Rakuda und Sensai) gestrickt.
73. R (Hin-R): Einfädig mit Garn A (Sensai) 2 M aus 1 M rechts herausstr, 1 M rechts str, doppelfädig (Sensai + Rakuda) 40 M rechts str, wenden.
74. R (verk R): WM, 39 M links str, wenden.
75. R (verk R): WM, 37 M rechts str, wenden.
76. R (verk R): WM, 36 M links str, wenden.
77. R (verk R): WM, 31 M rechts str, wenden.
78. R (verk R): WM, 26 M links str, wenden.
79. R (verk R): WM, 14 M rechts str, Garn B (Rakuda) abschneiden, einfädig mit Garn A (Sensai) rechts str bis 2 M vor MM, 2 M wie zum Links-Str abh, MM entfernen, 1 M rechts str, die abgehobenen M über die rechts gestrickte M überziehen (Mittel-M), MM setzen, rechts str bis 1 M vor R-Ende, 2 M aus 1 M rechts herausstr (= 93 M).
80. R (Rück-R): Wie die 4. R str.

Die 3. und 4. R 3x wdh, bis 101 M auf der Nd sind (51 M/50 M).

VERKÜRZTE REIHEN K

Die verk R werden doppelfädig (mit je 1 Fd von Rakuda und Sensai) gestrickt.
81. R (Hin-R): Einfädig mit Garn A (Sensai) 2 M aus 1 M rechts herausstr, rechts str bis 2 M vor MM, 2 M wie zum Links-Str abh, MM entfernen, 1 M rechts str, die abgehobenen M über die rechts gestrickte M überziehen (Mittel-M), MM setzen, 11 M rechts str, doppelfädig (Sensai + Rakuda) 12 M rechts str, wenden.
82. R (verk R): WM, 11 M links str, wenden.
83. R (verk R): WM, 9 M rechts str, wenden.
84. R (verk R): WM, 7 M links str, wenden.
85. R (verk R): WM, 5 M rechts str, Garn B (Rakuda) abschneiden, einfädig mit Garn A (Sensai) rechts str bis 1 M vor R-Ende, 2 M aus 1 M rechts herausstr (= 101 M).
86. R (Rück-R): Wie die 4. R str.

Die 3. und 4. R 1x wdh, bis 105 M auf der Nd sind (53 M/52 M).

VERKÜRZTE REIHEN L

Die verk R werden doppelfädig (mit je 1 Fd von Rakuda und Sensai) gestrickt.
87. R (Hin-R): Einfädig mit Garn A (Sensai) 2 M aus 1 M rechts herausstr, 7 M rechts str, doppelfädig (Sensai + Rakuda) 13 M rechts str, wenden.
88. R (verk R): WM, 12 M links str, wenden.
89. R (verk R): WM, 11 M rechts str, wenden.
90. R (verk R): WM, 10 M links str, wenden.
91. R (verk R): WM, 4 M rechts str, Garn B (Rakuda) abschneiden, einfädig mit Garn A (Sensai) rechts str bis 2 M vor MM, 2 M wie zum Links-Str abh, MM entfernen, 1 M rechts str, die abgehobenen M über die rechts

gestrickte M überziehen (Mittel-M), MM setzen, rechts str bis 1 M vor R-Ende, 2 M aus 1 M rechts herausstr (= 105 M).
92. R (Rück-R): Wie die 4. R str.

Die 3. und 4. R 1x wdh, bis 109 M auf der Nd sind (55 M/54 M).

VERKÜRZTE REIHEN M

Die verk R werden doppelfädig (mit je 1 Fd von Rakuda und Sensai) gestrickt.
93. R (Hin-R): Einfädig mit Garn A (Sensai) 2 M aus 1 M rechts herausstr, rechts str bis 2 M vor MM, 2 M wie zum Links-Str abh, MM entfernen, 1 M rechts str, die abgehobenen M über die rechts gestrickte M überziehen (Mittel-M), MM setzen, 35 M rechts str, doppelfädig (Sensai + Rakuda) 14 M rechts str, wenden.
94. R (verk R): WM, 13 M links str, wenden.
95. R (verk R): WM, 12 M rechts str, wenden.
96. R (verk R): WM, 9 M links str, wenden.
97. R (verk R): WM, 3 M rechts str, Garn B (Rakuda) abschneiden, einfädig mit Garn A (Sensai) rechts str bis 1 M vor R-Ende, 2 M aus 1 M rechts herausstr (= 109 M).
98. R (Rück-R): Wie die 4. R str.

Die 3. und 4. R 1x wdh, bis 113 M auf der Nd sind (57 M/56 M).

VERKÜRZTE REIHEN N

Die verk R werden doppelfädig (mit je 1 Fd von Rakuda und Sensai) gestrickt.
99. R (Hin-R): Einfädig mit Garn A (Sensai) 2 M aus 1 M rechts herausstr, 22 M rechts str, doppelfädig (Sensai + Rakuda) 25 M rechts str, wenden.
100. R (verk R): WM, 24 M links str, wenden.
101. R (verk R): WM, 22 M rechts str, wenden.
102. R (verk R): WM, 20 M links str, wenden.
103. R (verk R): WM, 14 M rechts str, wenden.
104. R (verk R): WM, 12 M links str, wenden.
105. R (verk R): WM, 8 M rechts str, Garn B (Rakuda) abschneiden, einfädig mit Garn A (Sensai) rechts str bis 2 M vor MM, 2 M wie zum Links-Str abh, MM entfernen, 1 M rechts str, die abgehobenen M über die rechts gestrickte M überziehen (Mittel-M), MM setzen, rechts str bis 1 M vor R-Ende, 2 M aus 1 M rechts herausstr (= 113 M).
106. R (Rück-R): Wie die 4. R str.

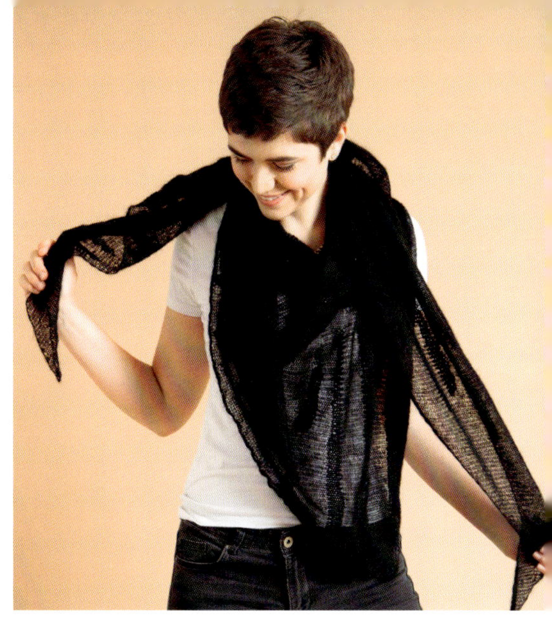

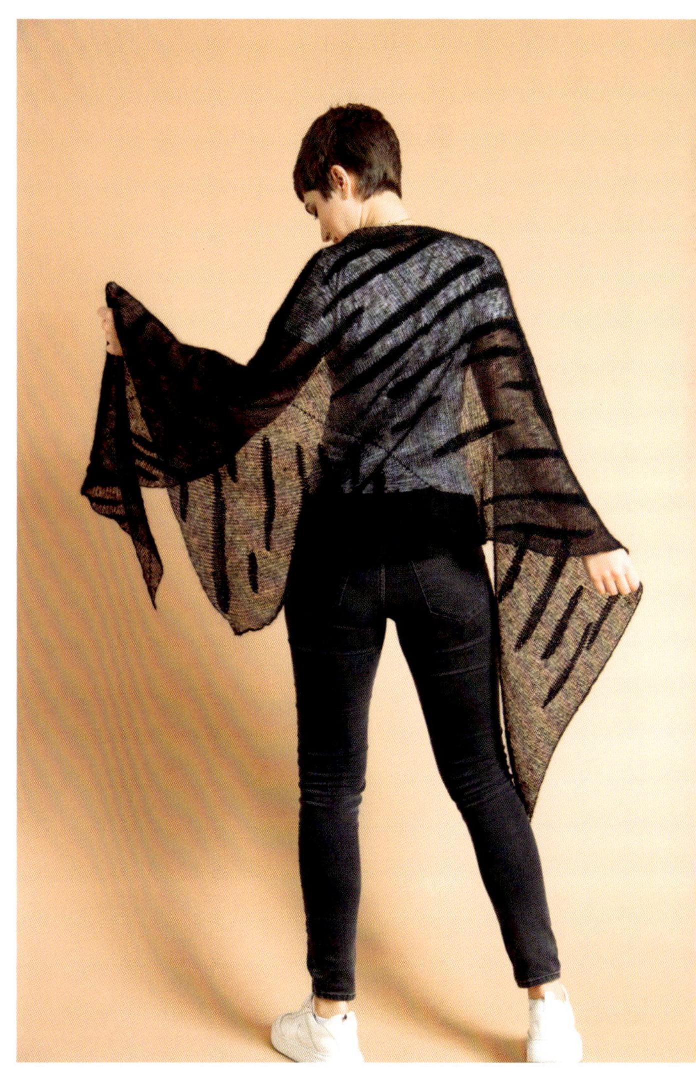

VERKÜRZTE REIHEN O

Die verk R werden doppelfädig (mit je 1 Fd von Rakuda und Sensai) gestrickt.
107. R (Hin-R): Einfädig mit Garn A (Sensai) 2 M aus 1 M rechts herausstr, rechts str bis 2 M vor MM, 2 M wie zum Links-Str abh, MM entfernen, 1 M rechts str, die abgehobenen M über die rechts gestrickte M überziehen (Mittel-M), MM setzen, 6 M rechts str, doppelfädig (Sensai + Rakuda) 7 M rechts str, wenden.
108. R (verk R): WM, 6 M links str, wenden.
109. R (verk R): WM, 5 M rechts str, wenden.
110. R (verk R): WM, 4 M links str, wenden.
111. R (verk R): WM, 2 M rechts str, Garn B (Rakuda) abschneiden, einfädig mit Garn A (Sensai) rechts str bis 1 M vor R-Ende, 2 M aus 1 M rechts herausstr (= 115 M).
112. R (Rück-R): Wie die 4. R str.

Die 3. und 4. R 3x wdh, bis 123 M auf der Nd sind (62 M/61 M).

VERKÜRZTE REIHEN P

Die verk R werden doppelfädig (mit je 1 Fd von Rakuda und Sensai) gestrickt.
113. R (Hin-R): Einfädig mit Garn A (Sensai) 2 M aus 1 M rechts herausstr, 8 M rechts str, doppelfädig (Sensai + Rakuda) 25 M rechts str, wenden.
114. R (verk R): WM, 25 M links str, wenden.
115. R (verk R): WM, 23 M rechts str, wenden.
116. R (verk R): WM, 24 M links str, wenden.
117. R (verk R): WM, 21 M rechts str, wenden.
118. R (verk R): WM, 22 M links str, wenden.
119. R (verk R): WM, 16 M rechts str, Garn B (Rakuda) abschneiden, einfädig mit Garn A (Sensai) rechts str bis 2 M vor MM, 2 M wie zum Links-Str abh, MM entfernen, 1 M rechts str, die abgehobenen M über die rechts gestrickte M überziehen (Mittel-M), MM setzen, 4 M rechts str, doppelfädig (Sensai + Rakuda) 50 M rechts str, wenden.
120. R (verk R): WM, 49 M links str, wenden.
121. R (verk R): WM, 50 M rechts str, wenden.
122. R (verk R): WM, 48 M links str, wenden.
123. R (verk R): WM, 49 M rechts str, wenden.
124. R (verk R): WM, 40 M links str, wenden.
125. R (verk R): WM, 38 M rechts str, wenden.
126. R (verk R): WM, 24 M links str, wenden.
127. R (verk R): WM, 22 M rechts str, Garn B (Rakuda) abschneiden, einfädig mit Garn A (Sensai) rechts str bis 1 M vor R-Ende, 2 M aus 1 M rechts herausstr (= 123 M).
128. R (Rück-R): Wie die 4. R str.

Die 3. und 4. R 5x wdh, bis 135 M auf der Nd sind (68 M/67 M).

VERKÜRZTE REIHEN Q

Die verk R werden doppelfädig (mit je 1 Fd von Rakuda und Sensai) gestrickt.
129. R (Hin-R): Einfädig mit Garn A (Sensai) 2 M aus 1 M rechts herausstr, 45 M rechts str, doppelfädig (Sensai + Rakuda) 15 M rechts str, wenden.
130. R (verk R): WM, 14 M links str, wenden.
131. R (verk R): WM, 13 M rechts str, wenden.
132. R (verk R): WM, 11 M links str, wenden.
133. R (verk R): WM, 9 M rechts str, Garn B (Rakuda) abschneiden, einfädig mit Garn A (Sensai) rechts str bis 2 M vor MM, 2 M wie zum Links-Str abh, MM entfernen, 1 M rechts str, die abgehobenen M über die rechts gestrickte M überziehen (Mittel-M), MM setzen, rechts str bis 1 M vor R-Ende, 2 M aus 1 M rechts herausstr.
(= 135 M).
134. R (Rück-R): Wie die 4. R str.

VERKÜRZTE REIHEN R

Die verk R werden doppelfädig (mit je 1 Fd von Rakuda und Sensai) gestrickt.
135. R (Hin-R): Einfädig mit Garn A (Sensai) 2 M aus 1 M rechts herausstr, rechts str bis 2 M vor MM, 2 M wie zum Links-Str abh, MM entfernen, 1 M rechts str, die abgehobenen M über die rechts gestrickte M überziehen (Mittel-M), MM setzen, 29 M rechts str, doppelfädig (Sensai + Rakuda) 21 M rechts str, wenden.
136. R (verk R): WM, 20 M links str, wenden.
137. R (verk R): WM, 21 M rechts str, wenden.
138. R (verk R): WM, 17 M links str, wenden.
139. R (verk R): WM, 19 M rechts str, wenden.
140. R (verk R): WM, 12 M links str, wenden.
141. R (verk R): WM, 14 M rechts str, wenden.
142. R (verk R): WM, 9 M links str, wenden.
143. R (verk R): WM, 6 M rechts str, Garn B (Rakuda) abschneiden, einfädig mit Garn A (Sensai) rechts str bis 1 M vor R-Ende, 2 M aus 1 M rechts herausstr (= 137 M).
144. R (Rück-R): Wie die 4. R str.

Die 3. und 4. R 3x wdh, bis 145 M auf der Nd sind (73 M/72 M).

VERKÜRZTE REIHEN S

Die verk R werden doppelfädig (mit je 1 Fd von Rakuda und Sensai) gestrickt.
145. R (Hin-R): Einfädig mit Garn A (Sensai) 2 M aus 1 M rechts herausstr, 8 M rechts str, doppelfädig (Sensai + Rakuda) 41 M rechts str, wenden.
146. R (verk R): WM, 40 M links str, wenden.
147. R (verk R): WM, 38 M rechts str, wenden.
148. R (verk R): WM, 39 M links str, wenden.
149. R (verk R): WM, 36 M rechts str, wenden.
150. R (verk R): WM, 34 M links str, wenden.
151. R (verk R): WM, 29 M rechts str, wenden.
152. R (verk R): WM, 28 M links str, wenden.
153. R (verk R): WM, 13 M rechts str, Garn B (Rakuda) abschneiden, einfädig mit Garn A (Sensai) rechts str bis 2 M vor MM, 2 M wie zum Links-Str abh, MM entfernen, 1 M rechts str, die abgehobenen M über die rechts gestrickte M überziehen (Mittel-M), MM setzen, rechts str bis 1 M vor R-Ende, 2 M aus 1 M rechts herausstr (= 145 M).
154. R (Rück-R): Wie die 4. R str.

Die 3. und 4. R 1x wdh, bis 149 M auf der Nd sind (75 M/ 74 M).

VERKÜRZTE REIHEN T

Die verk R werden doppelfädig (mit je 1 Fd von Rakuda und Sensai) gestrickt.
155. R (Hin-R): Einfädig mit Garn A (Sensai) 2 M aus 1 M rechts herausstr, rechts str bis 2 M vor MM, 2 M wie zum Links-Str abh, MM entfernen, 1 M rechts str, die abgehobenen M über die rechts gestrickte M überziehen (Mittel-M), MM setzen, 2 M rechts str, doppelfädig (Sensai + Rakuda) 28 M rechts str, wenden.
156. R (verk R): WM, 27 M links str, wenden.
157. R (verk R): WM, 29 M rechts str, wenden.
158. R (verk R): WM, 24 M links str, wenden.
159. R (verk R): WM, 26 M rechts str, wenden.
160. R (verk R): WM, 16 M links str, wenden.
161. R (verk R): WM, 17 M rechts str, Garn B (Rakuda) abschneiden, einfädig mit Garn A (Sensai) rechts str bis 1 M vor R-Ende, 2 M aus 1 M rechts herausstr (= 149 M).
162. R (Rück-R): Wie die 4. R str.

Die 3. und 4. R 3x wdh, bis 157 M auf der Nd sind (79 M/78 M).

VERKÜRZTE REIHEN U

Die verk R werden doppelfädig (mit je 1 Fd von Rakuda und Sensai) gestrickt.
163. R (Hin-R): Einfädig mit Garn A (Sensai) 2 M aus 1 M rechts herausstr, 6 M rechts str, doppelfädig (Sensai + Rakuda) 14 M rechts str, wenden.
164. R (verk R): WM, 13 M links str, wenden.
165. R (verk R): WM, 11 M rechts str, wenden.
166. R (verk R): WM, 10 M links str, wenden.
167. R (verk R): WM, 7 M rechts str, Garn B (Rakuda) abschneiden, einfädig mit Garn A (Sensai) rechts str bis 2 M vor MM, 2 M wie zum Links-Str abh, MM entfernen, 1 M rechts str, die abgehobenen M über die rechts gestrickte M überziehen (Mittel-M), MM setzen, rechts str bis 1 M vor R-Ende, 2 M aus 1 M rechts herausstr (= 157 M).
168. R (Rück-R): Wie die 4. R str.

VERKÜRZTE REIHEN V

Die verk R werden doppelfädig (mit je 1 Fd von Rakuda und Sensai) gestrickt.
169. R (Hin-R): Einfädig mit Garn A (Sensai) 2 M aus 1 M rechts herausstr, rechts str bis 2 M vor MM, 2 M wie zum Links-Str abh, MM entfernen, 1 M rechts str, die abgehobenen M über die rechts gestrickte M überziehen (Mittel-M), MM setzen, 50 M rechts str, doppelfädig (Sensai + Rakuda) 23 M rechts str, wenden.
170. R (verk R): WM, 22 M links str, wenden.
171. R (verk R): WM, 21 M rechts str, wenden.
172. R (verk R): WM, 18 M links str, wenden.
173. R (verk R): WM, 17 M rechts str, wenden.
174. R (verk R): WM, 14 M links str, wenden.
175. R (verk R): WM, 7 M rechts str, Garn B (Rakuda) abschneiden, einfädig mit Garn A (Sensai) rechts str bis 1 M vor R-Ende, 2 M aus 1 M rechts herausstr (= 159 M).
176. R (Rück-R): Wie die 4. R str.

Die 3. und 4. R 1x wdh, bis 163 M auf der Nd sind (82 M/81 M).

VERKÜRZTE REIHEN W

Die verk R werden doppelfädig (mit je 1 Fd von Rakuda und Sensai) gestrickt.
177. R (Hin-R): Einfädig mit Garn A (Sensai) 2 M aus 1 M rechts herausstr, 39 M rechts str, doppelfädig (Sensai + Rakuda) 32 M rechts str, wenden.
178. R (verk R): WM, 31 M links str, wenden.
179. R (verk R): WM, 29 M rechts str, wenden.
180. R (verk R): WM, 30 M links str, wenden.
181. R (verk R): WM, 25 M rechts str, wenden.
182. R (verk R): WM, 26 M links str, wenden.
183. R (verk R): WM, 22 M rechts str, wenden.
184. R (verk R): WM, 23 M links str, wenden.
185. R (verk R): WM, 16 M rechts str, Garn B (Rakuda) abschneiden, einfädig mit Garn A (Sensai) rechts str bis 2 M vor MM, 2 M wie zum Links-Str abh, MM entfernen, 1 M rechts str, die abgehobenen M über die rechts gestrickte M überziehen (Mittel-M), MM setzen, rechts str bis 1 M vor R-Ende, 2 M aus 1 M rechts herausstr (= 163 M).
186. R (Rück-R): Wie die 4. R str.

Die 3. und 4. R 6x wdh, bis 177 M auf der Nd sind (89 M/88 M).

VERKÜRZTE REIHEN X

Die verk R werden doppelfädig (mit je 1 Fd von Rakuda und Sensai) gestrickt.
187. R (Hin-R): Einfädig mit Garn A (Sensai) 2 M aus 1 M rechts herausstr, 2 M rechts str, doppelfädig (Sensai + Rakuda) 50 M rechts str, wenden.
188. R (verk R): WM, 49 M links str, wenden.
189. R (verk R): WM, 47 M rechts str, wenden.
190. R (verk R): WM, 46 M links str, wenden.
191. R (verk R): WM, 44 M rechts str, wenden.
192. R (verk R): WM, 43 M links str, wenden.
193. R (verk R): WM, 31 M rechts str, wenden.
194. R (verk R): WM, 29 M links str, wenden.
195. R (verk R): WM, 12 M rechts str, Garn B (Rakuda) abschneiden, einfädig mit Garn A (Sensai) rechts str bis 2 M vor MM, 2 M wie zum Links-Str abh, MM entfernen, 1 M rechts str, die abgehobenen M über die rechts gestrickte M überziehen (Mittel-M), MM setzen, 5 M rechts str, doppelfädig (Sensai + Rakuda) 60 M rechts str, wenden.
196. R (verk R): WM, 59 M links str, wenden.
197. R (verk R): WM, 58 M rechts str, wenden.
198. R (verk R): WM, 48 M links str, wenden.
199. R (verk R): WM, 47 M rechts str, wenden.
200. R (verk R): WM, 31 M links str, wenden.
201. R (verk R): WM, 28 M rechts str, wenden.
202. R (verk R): WM, 10 M links str, wenden.
203. R (verk R): WM, 8 M rechts str, Garn B (Rakuda) abschneiden, einfädig mit Garn A (Sensai) rechts str bis 1 M vor R-Ende, 2 M aus 1 M rechts herausstr (= 177 M).
204. R (Rück-R): Wie die 4. R str.

Die 3. und 4. R 1x wdh, bis 181 M auf der Nd sind (91 M /90 M).

Nun ist die Spitze erreicht, und es werden nur noch auf der linken Seite Zunahmen gearbeitet. Dadurch bleibt die Gesamt-Zahl von 181 M gleich.

2. TEIL

205. R (Hin-R): Rechte M str bis 2 M vor MM, 2 M wie zum Links-Str abh, MM entfernen, 1 M rechts str, die abgehobenen M über die rechts gestrickte M überziehen (Mittel-M), MM setzen, rechts str bis 1 M vor R-Ende, 2 M aus 1 M rechts herausstr. (= – 1 M)
206. R (Rück-R): 2 M aus 1 M rechts herausstr, linke M str bis R-Ende. (= +1 M)

Die 205. und 206. R 2x wdh (94 M/87 M).

VERKÜRZTE REIHEN Y

Die verk R werden doppelfädig (mit je 1 Fd von Rakuda und Sensai) gestrickt.
207. R (Hin-R): Einfädig mit Garn A (Sensai) 47 M rechts str, doppelfädig (Sensai + Rakuda) 34 M rechts str, wenden.
208. R (verk R): WM, 35 M links str, wenden.
209. R (verk R): WM, 32 M rechts str, wenden.
210. R (verk R): WM, 33 M links str, wenden.
211. R (verk R): WM, 26 M rechts str, wenden.
212. R (verk R): WM, 23 M links str, wenden.
213. R (verk R): WM, 12 M rechts str, Garn B (Rakuda) abschneiden, einfädig mit Garn A (Sensai) rechts str bis 2 M vor MM, 2 M wie zum Links-Str abh, MM entfernen, 1 M rechts str, die abgehobenen M über die rechts gestrickte M überziehen (Mittel-M), MM setzen, rechts str bis 1 M vor R-Ende, 2 M aus 1 M rechts herausstr.
214. R (Rück-R): Wie die 206. R str (95 M/86 M).

Die 205. und 206. R 1x wdh (96 M/85 M).

VERKÜRZTE REIHEN Z

Die verk R werden doppelfädig (mit je 1 Fd von Rakuda und Sensai) gestrickt.
215. R (Hin-R): Einfädig mit Garn A (Sensai) rechts str bis 2 M vor MM, 2 M wie zum Links-Str abh, MM entfernen, 1 M rechts str, die abgehobenen M über die rechts gestrickte M überziehen (Mittel-M), MM setzen, 12 M rechts str, doppelfädig (Sensai + Rakuda) 14 M rechts str, wenden.
216. R (verk R): WM, 13 M links str, wenden.
217. R (verk R): WM, 11 M rechts str, wenden.
218. R (verk R): WM, 10 M links str, wenden.
219. R (verk R): WM, 6 M rechts str, Garn B (Rakuda) abschneiden, einfädig mit Garn A (Sensai) 29 M rechts str, doppelfädig (Sensai + Rakuda) 32 M rechts str, wenden.
220. R (verk R): WM, 31 M links str, wenden.
221. R (verk R): WM, 32 M rechts str, wenden.
222. R (verk R): WM, 28 M links str, wenden.
223. R (verk R): WM, 25 M rechts str, Garn B (Rakuda) abschneiden, einfädig mit Garn A (Sensai) rechts str bis 1 M vor R-Ende, 2 M aus 1 M rechts herausstr.
224. R (Rück-R): Wie die 206. R str (97 M/84 M).

Die 205. und 206. R 2x wdh (99 M/82 M).

VERKÜRZTE REIHEN AA

Die verk R werden doppelfädig (mit je 1 Fd von Rakuda und Sensai) gestrickt.
225. R (Hin-R): Einfädig mit Garn A (Sensai) 13 M rechts str, doppelfädig (Sensai + Rakuda) 13 M rechts str, wenden.
226. R (verk R): WM, 12 M links str, wenden.
227. R (verk R): WM, 11 M rechts str, wenden.
228. R (verk R): WM, 10 M links str, wenden.
229. R (verk R): WM, 4 M rechts str, Garn B (Rakuda) abschneiden, einfädig mit Garn A (Sensai) rechts str bis 2 M vor MM, 2 M wie zum Links-Str abh, MM entfernen, 1 M rechts str, die abgehobenen M über die rechts gestrickte M überziehen (Mittel-M), MM setzen, rechts str bis 1 M vor R-Ende, 2 M aus 1 M rechts herausstr.
230. R (Rück-R): Wie die 206. R str (100 M/81 M).

Die 205. und 206. R 1x wdh (101 M/80 M).

VERKÜRZTE REIHEN AB

Die verk R werden doppelfädig (mit je 1 Fd von Rakuda und Sensai) gestrickt.
231. R (Hin-R): Einfädig mit Garn A (Sensai) rechts str bis 2 M vor MM, 2 M wie zum Links-Str abh, MM entfernen, 1 M rechts str, die abgehobenen M über die rechts gestrickte M überziehen (Mittel-M), MM setzen, 36 M rechts str, doppelfädig (Sensai + Rakuda) 48 M rechts str, wenden.
232. R (verk R): WM, 47 M links str, wenden.
233. R (verk R): WM, 46 M rechts str, wenden.
234. R (verk R): WM, 38 M links str, wenden.
235. R (verk R): WM, 37 M rechts str, wenden.
236. R (verk R): WM, 23 M links str, wenden.
237. R (verk R): WM, 10 M rechts str, Garn B (Rakuda) abschneiden, einfädig mit Garn A (Sensai) rechts str bis 1 M vor R-Ende, 2 M aus 1 M rechts herausstr.
238. R (Rück-R): Wie die 206. R str (102 M/79 M).

Die 205. und 206. R 2x wdh (104 M/77 M).

VERKÜRZTE REIHEN AC

Die verk R werden doppelfädig (mit je 1 Fd von Rakuda und Sensai) gestrickt.
239. R (Hin-R): Einfädig mit Garn A (Sensai) 23 M rechts str, doppelfädig (Sensai + Rakuda) 37 M rechts str, wenden.
240. R (verk R): WM, 36 M links str, wenden.
241. R (verk R): WM, 35 M rechts str, wenden.
242. R (verk R): WM, 30 M links str, wenden.
243. R (verk R): WM, 29 M rechts str, wenden.
244. R (verk R): WM, 25 M links str, wenden.
245. R (verk R): WM, 13 M rechts str, Garn B (Rakuda) abschneiden, einfädig mit Garn A (Sensai) rechts str bis 2 M vor MM, 2 M wie zum Links-Str abh, MM entfernen, 1 M rechts str, die abgehobenen M über die rechts gestrickte M überziehen (Mittel-M), MM setzen, rechte M str bis 1 M vor R-Ende, 2 M aus 1 M rechts herausstr.
246. R (Rück-R): Wie die 206. R str (105 M/76 M).

Die 205. und 206. R 1x wdh (106 M/75 M).

VERKÜRZTE REIHEN AD

Die verk R werden doppelfädig (mit je 1 Fd von Rakuda und Sensai) gestrickt.
247. R (Hin-R): Einfädig mit Garn A (Sensai) rechts str bis 2 M vor MM, 2 M wie zum Links-Str abh, MM

entfernen, 1 M rechts str, die abgehobenen M über die rechts gestrickte M überziehen (Mittel-M), MM setzen, 3 M rechts str, doppelfädig (Sensai + Rakuda) 41 M rechts str, wenden.
248. R (verk R): WM, 40 M links str, wenden.
249. R (verk R): WM, 39 M rechts str, wenden.
250. R (verk R): WM, 36 M links str, wenden.
251. R (verk R): WM, 26 M rechts str, wenden.
252. R (verk R): WM, 19 M links str, wenden.
253. R (verk R): WM, 9 M rechts str, Garn B (Rakuda) abschneiden, einfädig mit Garn A (Sensai) rechts str bis 1 M vor R-Ende, 2 M aus 1 M rechts herausstr.
254. R (Rück-R): Wie die 206. R str (107 M/74 M).

Die 205. und 206. R 1x wdh (108 M/73 M).

VERKÜRZTE REIHEN AE

Die verk R werden doppelfädig (mit je 1 Fd von Rakuda und Sensai) gestrickt.
255. R (Hin-R): Einfädig mit Garn A (Sensai) rechts str bis 2 M vor MM, 2 M wie zum Links-Str abh, MM entfernen, 1 M rechts str, die abgehobenen M über die rechts gestrickte M überziehen (Mittel-M), MM setzen, 84 M rechts str, doppelfädig (Sensai + Rakuda) 12 M rechts str, wenden.
256. R (verk R): WM, 11 M links str, wenden.
257. R (verk R): WM, 13 M rechts str, wenden.
258. R (verk R): WM, 11 M links str, wenden.
259. R (verk R): WM, 10 M rechts str, Garn B (Rakuda) abschneiden, einfädig mit Garn A (Sensai) rechts str bis 1 M vor R-Ende, 2 M aus 1 M rechts herausstr.
260. R (Rück-R): Wie die 206. R str (109 M/72 M).

Die 205. und 206. R 3x wdh (112 M/69 M).

VERKÜRZTE REIHEN AF

Die verk R werden doppelfädig (mit je 1 Fd von Rakuda und Sensai) gestrickt.
261. R (Hin-R): Einfädig mit Garn A (Sensai) rechts str bis 2 M vor MM, 2 M wie zum Links-Str abh, MM entfernen, 1 M rechts str, die abgehobenen M über die rechts gestrickte M überziehen (Mittel-M), MM setzen, 18 M rechts str, doppelfädig (Sensai + Rakuda) 58 M rechts str, wenden.
262. R (verk R): WM, 57 M links str, wenden.
263. R (verk R): WM, 58 M rechts str, wenden.
264. R (verk R): WM, 50 M links str, wenden.
265. R (verk R): WM, 49 M rechts str, wenden.
266. R (verk R): WM, 37 M links str, wenden.
267. R (verk R): WM, 36 M rechts str, Garn B (Rakuda) abschneiden, einfädig mit Garn A (Sensai) rechts str bis 1 M vor R-Ende, 2 M aus 1 M rechts herausstr.
268. R (Rück-R): Wie die 206. R str (113 M/68 M).

VERKÜRZTE REIHEN AG

Die verk R werden doppelfädig (mit je 1 Fd von Rakuda und Sensai) gestrickt.
269. R (Hin-R): Einfädig mit Garn A (Sensai) 9 M rechts str, doppelfädig (Sensai + Rakuda) 47 M rechts str, wenden.
270. R (verk R): WM, 46 M links str, wenden.
271. R (verk R): WM, 45 M rechts str, wenden.
272. R (verk R): WM, 44 M links str, wenden.
273. R (verk R): WM, 24 M rechts str, wenden.
274. R (verk R): WM, 22 M links str, wenden.
275. R (verk R): WM, 14 M rechts str, Garn B (Rakuda) abschneiden, einfädig mit Garn A (Sensai) rechts str bis 2 M vor MM, 2 M wie zum Links-Str abh, MM entfernen, 1 M rechts str, die abgehobenen M über die rechts gestrickte M überziehen (Mittel-M), MM setzen, rechts str bis 1 M vor R-Ende, 2 M aus 1 M rechts herausstr.
276. R (Rück-R): Wie die 206. R str (114 M/67 M).

Die 205. und 206. R 3x wdh (117 M/64 M).

VERKÜRZTE REIHEN AH

Die verk R werden doppelfädig (mit je 1 Fd von Rakuda und Sensai) gestrickt.
277. R (Hin-R): Einfädig mit Garn A (Sensai) rechts str bis 2 M vor MM, 2 M wie zum Links-Str abh, MM entfernen, 1 M rechts str, die abgehobenen M über die rechts gestrickte M überziehen (Mittel-M), MM setzen, 8 M rechts str, doppelfädig (Sensai + Rakuda) 40 M rechts str, wenden.
278. R (verk R): WM, 39 M links str, wenden.
279. R (verk R): WM, 37 M rechts str, wenden.
280. R (verk R): WM, 30 M links str, wenden.
281. R (verk R): WM, 24 M rechts str, wenden.
282. R (verk R): WM, 21 M links str, wenden.
283. R (verk R): WM, 5 M rechts str, Garn B (Rakuda) abschneiden, einfädig mit Garn A (Sensai) 45 M rechts str, doppelfädig (Sensai + Rakuda) 35 M rechts str, wenden.

284. R (verk R): WM, 34 M links str, wenden.
285. R (verk R): WM, 36 M rechts str, wenden.
286. R (verk R): WM, 30 M links str, wenden.
287. R (verk R): WM, 31 M rechts str, wenden.
288. R (verk R): WM, 16 M links str, wenden.
289. R (verk R): WM, 14 M rechts str, Garn B (Rakuda) abschneiden, einfädig mit Garn A (Sensai) rechte M str bis 1 M vor R-Ende, 2 M aus 1 M rechts herausstr.
290. R (Rück-R): Wie die 206. R str (118 M/63 M).

Die 205. und 206. R 1x wdh (119 M/62 M).

VERKÜRZTE REIHEN AI

Die verk R werden doppelfädig (mit je 1 Fd von Rakuda und Sensai) gestrickt.
291. R (Hin-R): Einfädig mit Garn A (Sensai) 35 M rechts str, doppelfädig (Sensai + Rakuda) 20 M rechts str, wenden.
292. R (verk R): WM, 19 M links str, wenden.
293. R (verk R): WM, 18 M rechts str, wenden.
294. R (verk R): WM, 17 M links str, wenden.
295. R (verk R): WM, 12 M rechts str, Garn B (Rakuda) abschneiden, einfädig mit Garn A (Sensai) rechts str bis 2 M vor MM, 2 M wie zum Links-Str abh, MM entfernen, 1 M rechts str, die abgehobenen M über die rechts gestrickte M überziehen (Mittel-M), MM setzen, rechts str bis 1 M vor R-Ende, 2 M aus 1 M rechts herausstr.
296. R (Rück-R): Wie die 206. R str (120 M/61 M).

Die 205. und 206. R 6x wdh (126 M/55 M).

VERKÜRZTE REIHEN AJ

Die verk R werden doppelfädig (mit je 1 Fd von Rakuda und Sensai) gestrickt.
297. R (Hin-R): Einfädig mit Garn A (Sensai) 10 M rechts str, doppelfädig (Sensai + Rakuda) 26 M rechts str, wenden.
298. R (verk R): WM, 25 M links str, wenden.
299. R (verk R): WM, 23 M rechts str, wenden.
300. R (verk R): WM, 25 M links str, wenden.
301. R (verk R): WM, 19 M rechts str, wenden.
302. R (verk R): WM, 14 M links str, wenden.
303. R (verk R): WM, 8 M rechts str, Garn B (Rakuda) abschneiden, einfädig mit Garn A (Sensai) rechts str bis 2 M vor MM, 2 M wie zum Links-Str abh, MM entfernen, 1 M rechts str, die abgehobenen M über die rechts gestrickte M überziehen (Mittel-M), MM setzen, 18 M rechts str, doppelfädig (Sensai + Rakuda) 30 M rechts str, wenden.
304. R (verk R): WM, 29 M links str, wenden.
305. R (verk R): WM, 24 M rechts str, wenden.
306. R (verk R): WM, 23 M links str, wenden.
307. R (verk R): WM, 12 M rechts str, Garn B (Rakuda) abschneiden, einfädig mit Garn A (Sensai) 30 M rechts str, doppelfädig (Sensai + Rakuda) 54 M rechts str, wenden.
308. R (verk R): WM, 53 M links str, wenden.
309. R (verk R): WM, 54 M rechts str, wenden.
310. R (verk R): WM, 49 M links str, wenden.
311. R (verk R): WM, 48 M rechts str, wenden.
312. R (verk R): WM, 31 M links str, wenden.
313. R (verk R): WM, 30 M rechts str, wenden.
314. R (verk R): WM, 16 M links str, wenden.
315. R (verk R): WM, 13 M rechts str, Garn B (Rakuda) abschneiden, einfädig mit Garn A (Sensai) rechts str bis 1 M vor R-Ende, 2 M aus 1 M rechts herausstr.
316. R (Rück-R): Wie die 206. R str (127 M/54 M).

Die 205. und 206. R 2x wdh (129 M/52 M).

VERKÜRZTE REIHEN AK

Die verk R werden doppelfädig (Rakuda + Sensai) gestrickt.
317. R (Hin-R): Einfädig mit Garn A (Sensai) 27 M rechts str, doppelfädig (Sensai + Rakuda) 22 M rechts str, wenden.
318. R (verk R): WM, 21 M links str, wenden.
319. R (verk R): WM, 20 M rechts str, wenden.
320. R (verk R): WM, 13 M links str, wenden.
321. R (verk R): WM, 9 M rechts str, Garn B (Rakuda) abschneiden, einfädig mit Garn A (Sensai) rechts str bis 2 M vor MM, 2 M wie zum Links-Str abh, MM entfernen, 1 M rechts str, die abgehobenen M über die rechts gestrickte M überziehen (Mittel-M), MM setzen, rechts str bis 1 M vor R-Ende, 2 M aus 1 M rechts herausstr.
322. R (Rück-R): Wie die 206. R str (130 M/51 M).

Die 205. und 206. R 1x wdh (131 M/50 M).

VERKÜRZTE REIHEN AL

Die verk R werden doppelfädig (mit je 1 Fd von Rakuda und Sensai) gestrickt.
323. R (Hin-R): Einfädig mit Garn A (Sensai) rechts str bis 2 M vor MM, 2 M wie zum Links-Str abh, MM

entfernen, 1 M rechts str, die abgehobenen M über die rechts gestrickte M überziehen (Mittel-M), MM setzen, 43 M rechts str, doppelfädig (Sensai + Rakuda) 24 M rechts str, wenden.
324. R (verk R): WM, 23 M links str, wenden.
325. R (verk R): WM, 22 M rechts str, wenden.
326. R (verk R): WM, 13 M links str, wenden.
327. R (verk R): WM, 11 M rechts str, Garn B (Rakuda) abschneiden, einfädig mit Garn A (Sensai) rechts str bis 1 M vor R-Ende, 2 M aus 1 M rechts herausstr.
328. R (Rück-R): Wie die 206. R str (132 M/49 M).

Die 205. und 206. R 4x wdh (136 M/45 M).

VERKÜRZTE REIHEN AM

Die verk R werden doppelfädig (mit je 1 Fd von Rakuda und Sensai) gestrickt.
329. R (Hin-R): Einfädig mit Garn A (Sensai) 6 M rechts str, doppelfädig (Sensai + Rakuda) 30 M rechts str, wenden.
330. R (verk R): WM, 29 M links str, wenden.
331. R (verk R): WM, 17 M rechts str, wenden.
332. R (verk R): WM, 14 M links str, wenden.
333. R (verk R): WM, 10 M rechts str, Garn B (Rakuda) abschneiden, einfädig mit Garn A (Sensai) rechts str bis 2 M vor MM, 2 M wie zum Links-Str abh, MM entfernen, 1 M rechts str, die abgehobenen M über die rechts gestrickte M überziehen (Mittel-M), MM setzen, 7 M rechts str, doppelfädig (Sensai + Rakuda) 23 M rechts str, wenden.
334. R (verk R): WM, 22 M links str, wenden.
335. R (verk R): WM, 19 M rechts str, wenden.
336. R (verk R): WM, 20 M links str, wenden.
337. R (verk R): WM, 13 M rechts str, Garn B (Rakuda) abschneiden, einfädig mit Garn A (Sensai) rechts str bis 1 M vor R-Ende, 2 M aus 1 M rechts herausstr.
338. R (Rück-R): Wie die 206. R str (137 M/44 M).

Die 205. und 206. R 2x wdh (139 M/42 M).

VERKÜRZTE REIHEN AN

Die verk R werden doppelfädig (mit je 1 Fd von Rakuda und Sensai) gestrickt.
339. R (Hin-R): Einfädig mit Garn A (Sensai) rechts str bis 2 M vor MM, 2 M wie zum Links-Str abh, MM entfernen, 1 M rechts str, die abgehobenen M über die rechts gestrickte M überziehen (Mittel-M), MM setzen, 49 M rechts str, doppelfädig (Sensai + Rakuda) 52 M rechts str, wenden.
340. R (verk R): WM, 51 M links str, wenden.
341. R (verk R): WM, 49 M rechts str, wenden.
342. R (verk R): WM, 45 M links str, wenden.
343. R (verk R): WM, 41 M rechts str, wenden.
344. R (verk R): WM, 30 M links str, wenden.
345. R (verk R): WM, 21 M rechts str, Garn B (Rakuda) abschneiden, einfädig mit Garn A (Sensai) rechts str bis 1 M vor R-Ende, 2 M aus 1 M rechts herausstr.
346. R (Rück-R): Wie die 206. R str (140 M/41 M).

Die 205. und 206. R 1x wdh (141 M/40 M).

VERKÜRZTE REIHEN AO

Die verk R werden doppelfädig (mit je 1 Fd von Rakuda und Sensai) gestrickt.
347. R (Hin-R): Einfädig mit Garn A (Sensai) 20 M rechts str, doppelfädig (Sensai + Rakuda) 16 M rechts str, wenden.
348. R (verk R): WM, 15 M links str, wenden.
349. R (verk R): WM, 14 M rechts str, wenden.
350. R (verk R): WM, 11 M links str, wenden.
351. R (verk R): WM, 7 M rechts str, Garn B (Rakuda) abschneiden, einfädig mit Garn A (Sensai) rechts str bis 2 M vor MM, 2 M wie zum Links-Str abh, MM entfernen, 1 M rechts str, die abgehobenen M über die rechts gestrickte M überziehen (Mittel-M), MM setzen, rechts str bis 1 M vor R-Ende, 2 M aus 1 M rechts herausstr.
352. R (Rück-R): Wie die 206. R str (142/39) M.

Die 205. und 206. R 3x wdh (145 M/36 M).

VERKÜRZTE REIHEN AP

Die verk R werden doppelfädig (mit je 1 Fd von Rakuda und Sensai) gestrickt.
353. R (Hin-R): Einfädig mit Garn A (Sensai) rechts str bis 2 M vor MM, 2 M wie zum Links-Str abh, MM entfernen, 1 M rechts str, die abgehobenen M über die rechts gestrickte M überziehen (Mittel-M), MM setzen, 107 M rechts str, doppelfädig (Sensai + Rakuda) 27 M rechts str, wenden.
354. R (verk R): WM, 26 M links str, wenden.
355. R (verk R): WM, 25 M rechts str, wenden.
356. R (verk R): WM, 21 M links str, wenden.

357. R (verk R): WM, 19 M rechts str, wenden.
358. R (verk R): WM, 11 M links str, wenden.
359. R (verk R): WM, 7 M rechts str, Garn B (Rakuda) abschneiden, einfädig mit Garn A (Sensai) rechts str bis 1 M vor R-Ende, 2 M aus 1 M rechts herausstr.
360. R (Rück-R): Wie die 206. R str (146 M/35 M).

VERKÜRZTE REIHEN AQ

Die verk R werden doppelfädig (mit je 1 Fd von Rakuda und Sensai) gestrickt.
361. R (Hin-R): Einfädig mit Garn A (Sensai) 11 M rechts str, doppelfädig (Sensai + Rakuda) 15 M rechts str, wenden.
362. R (verk R): WM, 14 M links str, wenden.
363. R (verk R): WM, 11 M rechts str, wenden.
364. R (verk R): WM, 10 M links str, wenden.
365. R (verk R): WM, 5 M rechts str, Garn B (Rakuda) abschneiden, einfädig mit Garn A (Sensai) rechts str bis 2 M vor MM, 2 M wie zum Links-Str abh, MM entfernen, 1 M rechts str, die abgehobenen M über die rechts gestrickte M überziehen (Mittel-M), MM setzen, rechts str bis 1 M vor R-Ende, 2 M aus 1 M rechts herausstr.
366. R (Rück-R): Wie die 206. R str (147 M/34 M).

Die 205. und 206. R 1x wdh (148 M/33 M).

VERKÜRZTE REIHEN AR

Die verk R werden doppelfädig (mit je 1 Fd von Rakuda und Sensai) gestrickt.
367. R (Hin-R): Einfädig mit Garn A (Sensai) rechts str bis 2 M vor MM, 2 M wie zum Links-Str abh, MM entfernen, 1 M rechts str, die abgehobenen M über die rechts gestrickte M überziehen (Mittel-M), MM setzen, 9 M rechts str, doppelfädig (Sensai + Rakuda) 34 M rechts str, wenden.
368. R (verk R): WM, 33 M links str, wenden.
369. R (verk R): WM, 32 M rechts str, wenden.
370. R (verk R): WM, 30 M links str, wenden.
371. R (verk R): WM, 22 M rechts str, wenden.
372. R (verk R): WM, 17 M links str, wenden.
373. R (verk R): WM, 6 M rechts str, Garn B (Rakuda) abschneiden, einfädig mit Garn A (Sensai) rechts str bis 1 M vor R-Ende, 2 M aus 1 M rechts herausstr.
374. R (Rück-R): Wie die 206. R str (149 M/32 M).

Die 205. und 206. R 1x wdh (150 M/31 M).

VERKÜRZTE REIHEN AS

Die verk R werden doppelfädig (mit je 1 Fd von Rakuda und Sensai) gestrickt.
375. R (Hin-R): Einfädig mit Garn A (Sensai) rechts str bis 2 M vor MM, 2 M wie zum Links-Str abh, MM entfernen, 1 M rechts str, die abgehobenen M über die rechts gestrickte M überziehen (Mittel-M), MM setzen, 59 M rechts str, doppelfädig (Sensai + Rakuda) 23 M rechts str, wenden.
376. R (verk R): WM, 22 M links str, wenden.
377. R (verk R): WM, 21 M rechts str, wenden.
378. R (verk R): WM, 15 M links str, wenden.
379. R (verk R): WM, 14 M rechts str, Garn B (Rakuda) abschneiden, einfädig mit Garn A (Sensai) rechts str bis 1 M vor R-Ende, 2 M aus 1 M rechts herausstr.
380. R (Rück-R): Wie die 206. R str (151 M/30 M).

VERKÜRZTE REIHEN AT

Die verk R werden doppelfädig (mit je 1 Fd von Rakuda und Sensai) gestrickt.
381. R (Hin-R): Einfädig mit Garn A (Sensai) 18 M rechts str, doppelfädig (Sensai + Rakuda) 8 M rechts str, wenden.
382. R (verk R): WM, 9 M links str, wenden.
383. R (verk R): WM, 8 M rechts str, wenden.
384. R (verk R): WM, 10 M links str, wenden.
385. R (verk R): WM, 9 M rechts str, Garn B (Rakuda) abschneiden, einfädig mit Garn A (Sensai) rechts str bis 2 M vor MM, 2 M wie zum Links-Str abh, MM entfernen, 1 M rechts str, die abgehobenen M über die rechts gestrickte M überziehen (Mittel-M), MM setzen, rechts str bis 1 M vor R-Ende, 2 M aus 1 M rechts herausstr.
386. R (Rück-R): Wie die 206. R str (152 M/29 M).

Die 205. und 206. R 3x wdh (155 M/26 M).

VERKÜRZTE REIHEN AU

Die verk R werden doppelfädig (mit je 1 Fd von Rakuda und Sensai) gestrickt.
387. R (Hin-R): Einfädig mit Garn A (Sensai) rechts str bis 2 M vor MM, 2 M wie zum Links-Str abh, MM entfernen, 1 M rechts str, die abgehobenen M über die rechts gestrickte M überziehen (Mittel-M), MM setzen, 26 M rechts str, doppelfädig (Sensai + Rakuda) 29 M rechts str, wenden.
388. R (verk R): WM, 28 M links str, wenden.
389. R (verk R): WM, 25 M rechts str, wenden.

390. R (verk R): WM, 21 M links str, wenden.
391. R (verk R): WM, 13 M rechts str, Garn B (Rakuda) abschneiden, einfädig mit Garn A (Sensai) 39 M rechts str, doppelfädig (Sensai + Rakuda) 59 M rechts str, wenden.
392. R (verk R): WM, 58 M links str, wenden.
393. R (verk R): WM, 56 M rechts str, wenden.
394. R (verk R): WM, 46 M links str, wenden.
395. R (verk R): WM, 44 M rechts str, wenden.
396. R (verk R): WM, 33 M links str, wenden.
397. R (verk R): WM, 29 M rechts str, Garn B (Rakuda) abschneiden, einfädig mit Garn A (Sensai) rechts str bis 1 M vor R-Ende, 2 M aus 1 M rechts herausstr.
398. R (Rück-R): Wie die 206. R str (156 M/25 M).

Die 205. und 206. R 1x wdh (157 M/24 M).

VERKÜRZTE REIHEN AV

Die verk R werden doppelfädig (mit je 1 Fd von Rakuda und Sensai) gestrickt.
399. R (Hin-R): Einfädig mit Garn A (Sensai) 5 M rechts str, doppelfädig (Sensai + Rakuda) 16 M rechts str, wenden.
400. R (verk R): WM, 15 M links str, wenden.
401. R (verk R): WM, 13 M rechts str, wenden.
402. R (verk R): WM, 11 M links str, wenden.
403. R (verk R): WM, 7 M rechts str, Garn B (Rakuda) abschneiden, einfädig mit Garn A (Sensai) rechts str bis 2 M vor MM, 2 M wie zum Links-Str abh, MM entfernen, 1 M rechts str, die abgehobenen M über die rechts gestrickte M überziehen (Mittel-M), MM setzen, rechts str bis 1 M vor R-Ende, 2 M aus 1 M rechts herausstr.
404. R (Rück-R): Wie die 206. R str (158 M/23 M).

Die 205. und 206. R 4x wdh (162 M/19 M).

VERKÜRZTE REIHEN AW

Die verk R werden doppelfädig (mit je 1 Fd von Rakuda und Sensai) gestrickt.
405. R (Hin-R): Einfädig mit Garn A (Sensai) rechte M str bis 2 M vor MM, 2 M wie zum Links-Str abh, MM entfernen, 1 M rechts str, die abgehobenen M über die rechts gestrickte M überziehen (Mittel-M), MM setzen, 93 M rechts str, doppelfädig (Sensai + Rakuda) 27 M rechts str, wenden.
406. R (verk R): WM, 26 M links str, wenden.
407. R (verk R): WM, 25 M rechts str, wenden.
408. R (verk R): WM, 21 M links str, wenden.
409. R (verk R): WM, 19 M rechts str, wenden.
410. R (verk R): WM, 11 M links str, wenden.
411. R (verk R): WM, 7 M rechts str, Garn B (Rakuda) abschneiden, einfädig mit Garn A (Sensai) rechte M str bis 1 M vor R-Ende, 2 M aus 1 M rechts herausstr.
412. R (Rück-R): Wie die 206. R str (163/18) M.

Die 205. und 206. R 2x wdh (165 M/16 M).

VERKÜRZTE REIHEN AX

Die verk R werden doppelfädig (mit je 1 Fd von Rakuda und Sensai) gestrickt.
413. R (Hin-R): Einfädig mit Garn A (Sensai) 3 M rechts str, doppelfädig (Sensai + Rakuda) 10 M rechts str, wenden.
414. R (verk R): WM, 9 M links str, wenden.
415. R (verk R): WM, 6 M rechts str, wenden.
416. R (verk R): WM, 4 M links str, wenden.
417. R (verk R): WM, 2 M rechts str, Garn B (Rakuda) abschneiden, einfädig mit Garn A (Sensai) rechts str bis 2 M vor MM, 2 M wie zum Links-Str abh, MM entfernen, 1 M rechts str, die abgehobenen M über die rechts gestrickte M überziehen (Mittel-M), MM setzen, 8 M rechts str, doppelfädig (Sensai + Rakuda) 72 M rechts str, wenden.
418. R (verk R): WM, 71 M links str, wenden.
419. R (verk R): WM, 66 M rechts str, wenden.
420. R (verk R): WM, 49 M links str, wenden.
421. R (verk R): WM, 45 M rechts str, wenden.
422. R (verk R): WM, 29 M links str, wenden.
423. R (verk R): WM, 25 M rechts str, Garn B (Rakuda) abschneiden, einfädig mit Garn A (Sensai) rechts str bis 1 M vor R-Ende, 2 M aus 1 M rechts herausstr.
424. R (Rück-R): Wie die 206. R str (166 M/15 M).

Die 205. und 206. R 3x wdh (169 M/12 M).

VERKÜRZTE REIHEN AY

Die verk R werden doppelfädig (mit je 1 Fd von Rakuda und Sensai) gestrickt.
425. R (Hin-R): Einfädig mit Garn A (Sensai) rechts str bis 2 M vor MM, 2 M wie zum Links-Str abh, MM entfernen, 1 M rechts str, die abgehobenen M über die rechts gestrickte M überziehen (Mittel-M), MM setzen,

93 M rechts str, doppelfädig (Sensai + Rakuda) 27 M rechts str, wenden.
426. R (verk R): WM, 26 M links str, wenden.
427. R (verk R): WM, 29 M rechts str, wenden.
428. R (verk R): WM, 24 M links str, wenden.
429. R (verk R): WM, 26 M rechts str, wenden.
430. R (verk R): WM, 16 M links str, wenden.
431. R (verk R): WM, 17 M rechts str, Garn B (Rakuda) abschneiden, einfädig mit Garn A (Sensai) rechts str bis 1 M vor R-Ende, 2 M aus 1 M rechts herausstr.
432. R (Rück-R): Wie die 206. R str (170 M/11 M).

Die 205. und 206. R 1x wdh, bis (171 M/10 M).

VERKÜRZTE REIHEN AZ

Die verk R werden doppelfädig (mit je 1 Fd von Rakuda und Sensai) gestrickt.
433. R (Hin-R): Einfädig mit Garn A (Sensai) rechte M str bis 2 M vor MM, 2 M wie zum Links-Str abh, MM entfernen, 1 M rechts str, die abgehobenen M über die rechts gestrickte M überziehen (Mittel-M), MM setzen, 70 M rechts str, doppelfädig (Sensai + Rakuda) 29 M rechts str, wenden.
434. R (verk R): WM, 28 M links str, wenden.
435. R (verk R): WM, 25 M rechts str, wenden.
436. R (verk R): WM, 21 M links str, wenden.
437. R (verk R): WM, 13 M rechts str, Garn B (Rakuda) abschneiden, einfädig mit Garn A (Sensai) rechte M str bis 1 M vor R-Ende, 2 M aus 1 M rechts herausstr.
438. R (Rück-R): Wie die 206. R str (172/9 M).

Die 205. und 206. R 1x wdh, bis (173 M/8 M).

VERKÜRZTE REIHEN BA

Die verk R werden doppelfädig (mit je 1 Fd von Rakuda und Sensai) gestrickt.
439. R (Hin-R): Einfädig mit Garn A (Sensai) rechts str bis 2 M vor MM, 2 M wie zum Links-Str abh, MM entfernen, 1 M rechts str, die abgehobenen M über die rechts gestrickte M überziehen (Mittel-M), MM setzen, 1 M rechts str, doppelfädig (Sensai + Rakuda) 40 M rechts str, wenden.
440. R (verk R): WM, 39 M links str, wenden.
441. R (verk R): WM, 37 M rechts str, wenden.
442. R (verk R): WM, 30 M links str, wenden.
443. R (verk R): WM, 24 M rechts str, wenden.
444. R (verk R): WM, 21 M links str, wenden.
445. R (verk R): WM, 5 M rechts str, Garn B (Rakuda) abschneiden, einfädig mit Garn A (Sensai) rechts str bis 1 M vor R-Ende, 2 M aus 1 M rechts herausstr.
446. R (Rück-R): Wie die 206. R str (174 M/7 M).

Die 205. und 206. R 5x wdh (179 M/2 M).

Alle M locker abk.

FERTIGSTELLUNG

Fd-Enden vernähen. Das Tuch vorsichtig waschen, flach ausgebreitet in Form ziehen und trocknen lassen. Es empfiehlt sich, das Tuch mit Spanndrähten weit zu spannen, damit das Muster sich voll entfalten kann.

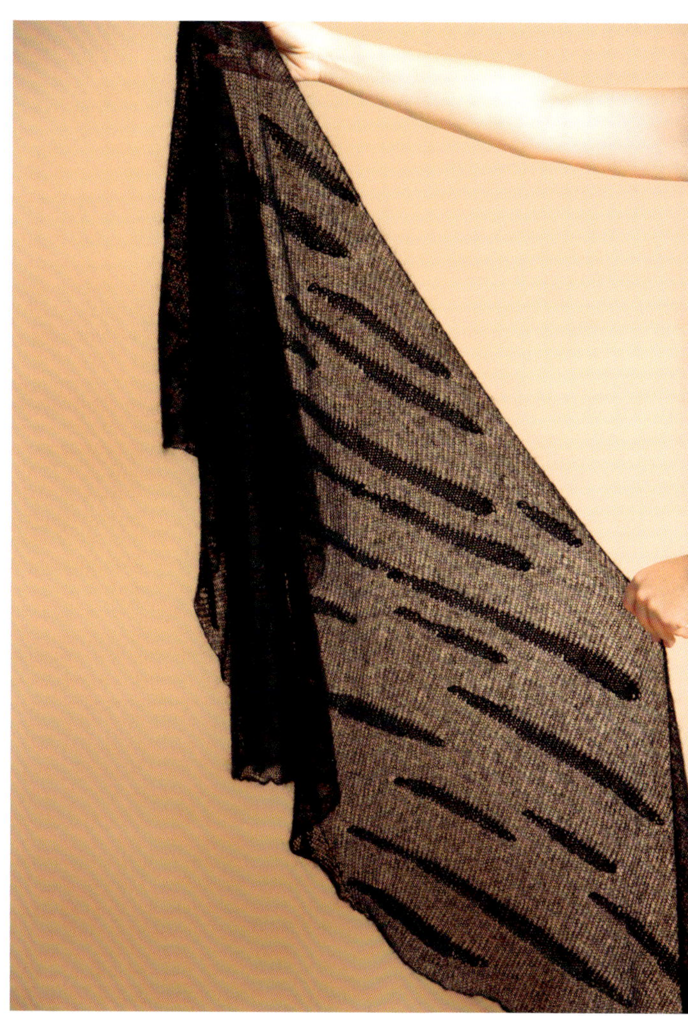

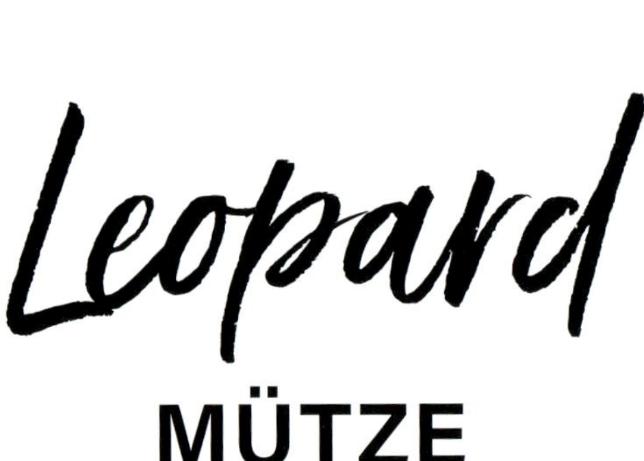

MÜTZE

GRÖSSE

Kopfumfang 54-57 cm

MATERIAL

- Lamana Bergamo (75 % Schurwolle, 25 % Alpaka, LL 65 m/25 g) in Fb A Schwarz (Fb 01), 75 g, und Fb B Creme (Fb 26), 25 g
- Farbvariante in Silbergrau (Fb 05) und in Maronenbraun (Fb 06)
- Rundstricknadel 4,5 mm, 80 cm lang
- Rundstricknadel 4,0 mm, 80 cm lang
- 2 Maschenmarkierer
- Wollnadel

STRICKWEISE

Die Mütze wird mit einem Bündchen in Fb A (Schwarz) begonnen. Der Hauptteil wird zum größten Teil in Fb A gestrickt und mit einem Leoparden-Strickmuster beendet.

MASCHENPROBE

Mit Nd 4,5 mm glatt rechts:
18 M und 24 R = 10 x 10 cm

GRUNDMUSTER

Bündchenmuster: * 1 M rechts, 1 M links str *, von * bis * stets wdh.

Glatt rechts in Rd: Alle M rechts str.

Leopardenmuster: Das Leopardenmuster in Fb A (Schwarz) und Fb B (Creme) glatt rechts in Jaquardtechnik nach dem Zählmuster str. Das Zählmuster über alle 90 M arbeiten und 1x die 1.–12. Rd str.

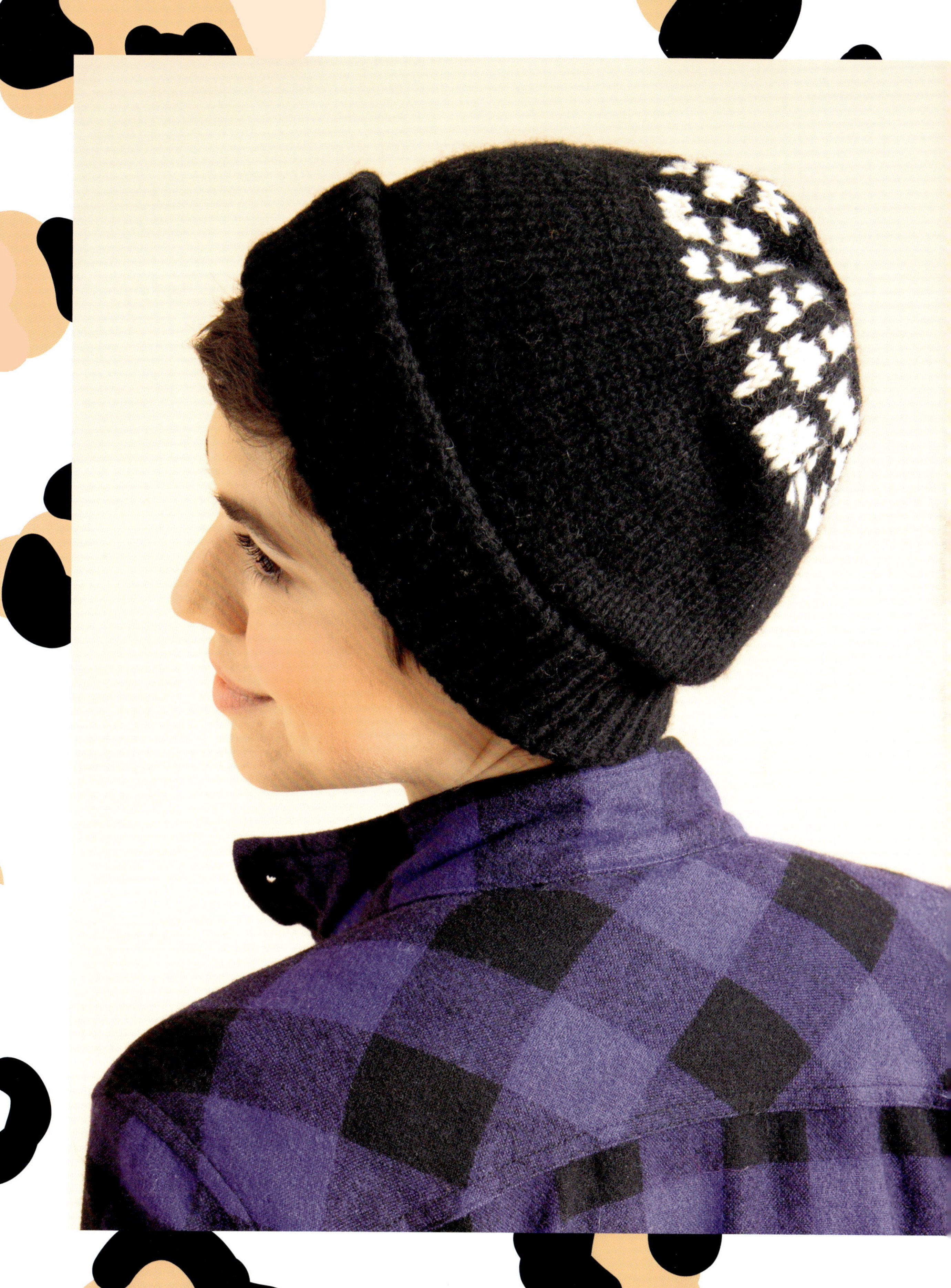

SO GEHT'S

Mit Nd 4,0 mm in Fb A (Schwarz) 90 M provisorisch anschl und vorsichtig zur Rd schließen, den Rd-Anfang mit einem MM kennzeichnen. 14 cm im Bündchenmuster str. Das Bündchen nach innen umklappen und die beiden Kanten miteinander verbinden. Dafür die M des provisorischen Anschlags auf eine zusätzliche Nd nehmen und immer 1 M der einen Nd mit 1 M der anderen Nd im Bündchenmuster zusstr.
Weiter 5 cm im Bündchenmuster str.

Zu Nd 4,5 mm wechseln.
12 cm glatt rechts in Fb A (Schwarz) str.
Dann das Leopardenmuster in Fb A (Schwarz) und B (Creme) glatt rechts in Jacquardtechnik gemäß Zählmuster arbeiten: Über alle M das Zählmuster 2x arbeiten und 1x die 1.–12. Rd str. Fb B (Creme) abschneiden.

SCHLIESSEN DER MÜTZE DURCH ABNAHMEN

Mit Fb A (Schwarz) glatt rechts weiterarbeiten und mit den Abnahmen beginnen:
1. Rd: Fortlaufend 2 M rechts zusstr bis Rd-Ende (= 45 M).
2. Rd: Rechte M str.
3. Rd: Fortlaufend 2 M rechts zusstr bis zur letzten M, 1 M rechts (= 23 M).
4. Rd: Rechte M str.
5. Rd: Fortlaufend 2 M rechts zusstr bis zur letzten M, 1 M rechts (= 12 M).
6. Rd: Rechte M str.
7. Rd: Fortlaufend 2 M rechts zusstr bis Rd-Ende (= 6 M).
Den Fd abschneiden und das Fd-Ende mit einer Woll-Nd durch die verbliebenen 6 M fädeln. Das Fd-Ende durch die Mitte dieser 6 M führen, die M fest zusammenziehen.

FERTIGSTELLUNG

Fd-Enden vernähen. Die Mütze vorsichtig waschen und über einem aufgeblasenen Luftballon trocknen lassen. So erhält die Mütze gleich ihre runde Form.

ZÄHLMUSTER

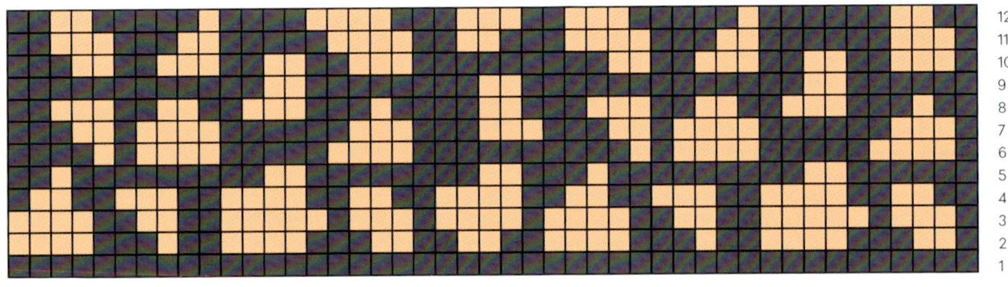

LEGENDE

■ = Fb A (Schwarz)
□ = Fb B (Creme)

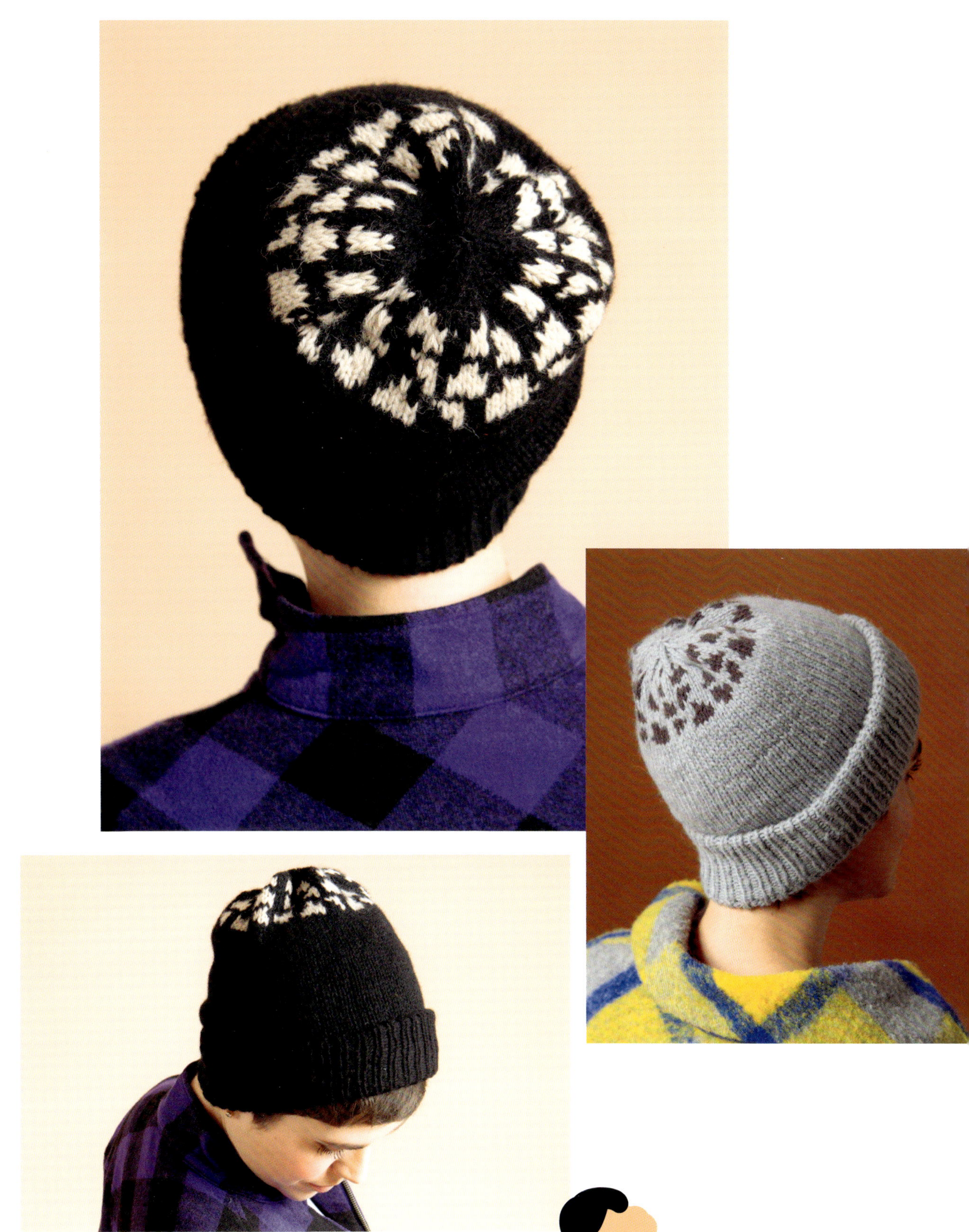

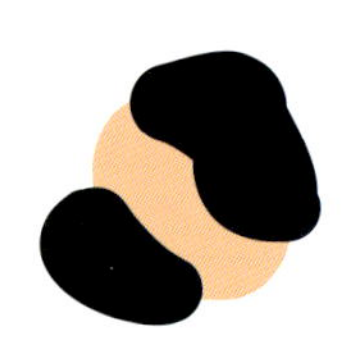

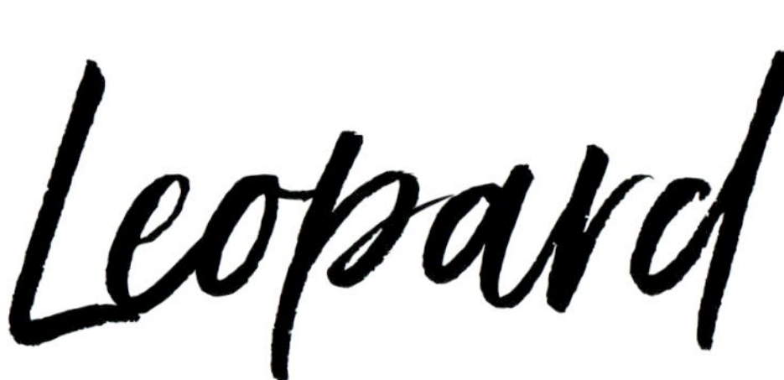

STIRNBAND

GRÖSSE

Kopfumfang: 56-58 cm
Breite: ca. 15-16 cm

MATERIAL

- Lamana Cusco (100 % Alpaka, LL 85 m/50 g) in Fb A Hellrosa (Fb 17) und Fb B Curry (Fb 08), je 50 g
- Farbvariante in Fb A Schwarz (Fb 01) und Fb B Karamell (Fb 30)
- Rundstricknadel 4,5 mm, 80 cm lang
- Maschenmarkierer
- Wollnadel

STRICKWEISE

Das Leopardenstirnband wird in Rd gestrickt und mit lustigen Leopardenflecken aufgepeppt. Es wird in doppelter Höhe gearbeitet und dann nach innen umgeklappt. So kann es auch als Wendestirnband mit verschiedenen Farben getragen werden.

MASCHENPROBE

Mit Nd 4,5 mm glatt rechts:
20 M und 24 R = 10 x 10 cm

GRUNDMUSTER

Glatt rechts in Rd: Alle M rechts str.
Leopardenmuster: Das Leopardenmuster in Fb A (Curry) und Fb B (Hellrosa) glatt rechts in Jacquardtechnik nach dem Zählmuster str. Das Zählmuster 2x über alle M arbeiten und die 1.–24. Rd 1x str.

TIPP

Die Innenseite des Stirnbandes in anderen Farben stricken, die beim Wenden sichtbar werden.

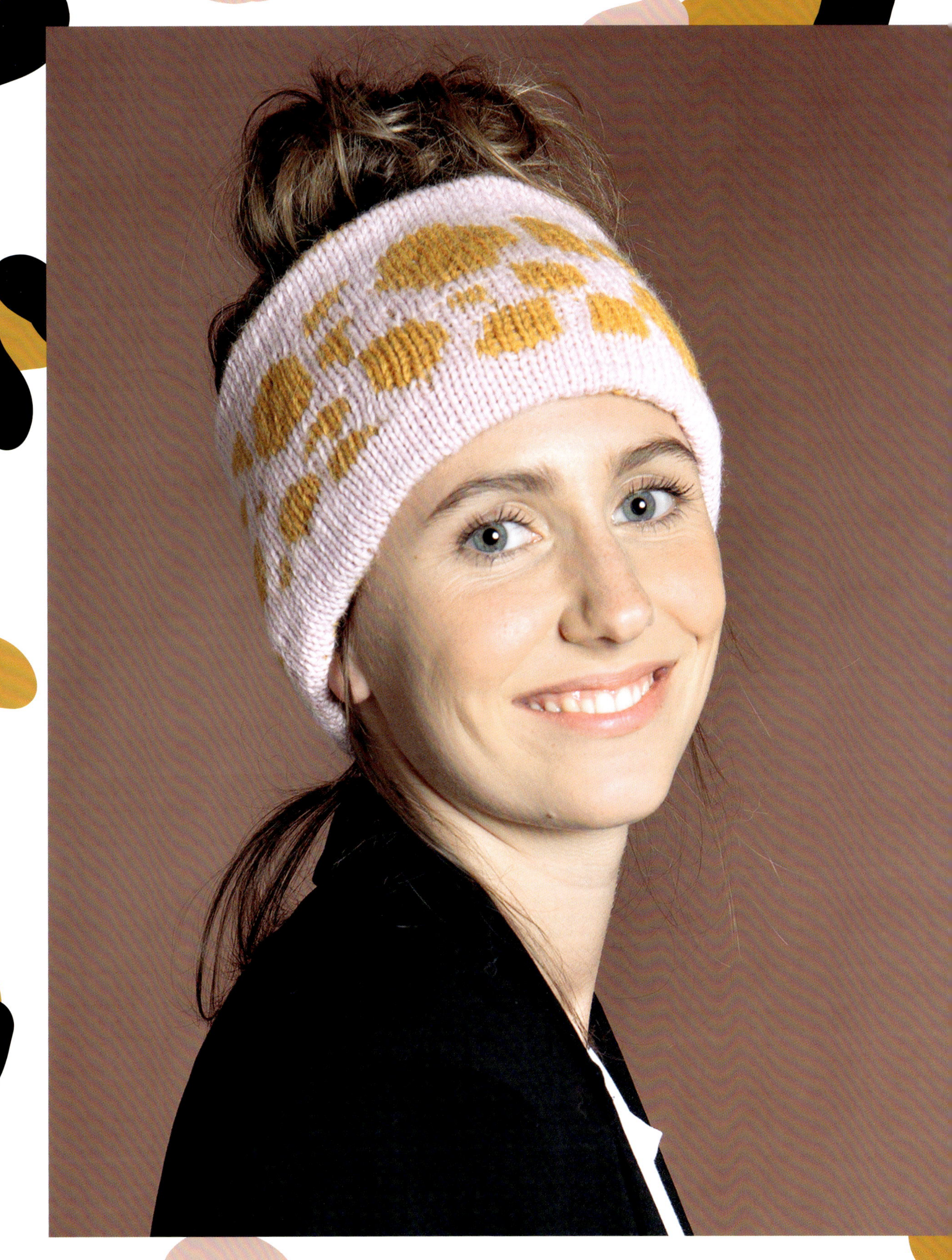

SO GEHT'S

Mit Nd 4,5 mm in Fb A 92 M provisorisch anschl und vorsichtig zur Rd schließen; den Rd-Anfang mit einem MM kennzeichnen.

1.–6. Rd: In Fb A alle M rechts str.

Dann das Leopardenmuster in Fb A und Fb B glatt rechts in Jacquardtechnik gemäß Zählmuster arbeiten: Über alle M 2x das Zählmuster arbeiten und die 1.–24. Rd 1x str.

In Fb A die 1.–6. Rd wdh.

In Fb B die 1.–6. Rd wdh.

Für das Muster nun Fb A und B tauschen, sodass Fb B zur Haupt-Fb wird und die Leopardenflecken in Fb A erscheinen. Das Leopardenmuster in Fb B und Fb A gemäß Zählmuster arbeiten: Über alle M 2x das Zählmuster arbeiten und die 1.–24. Rd 1x str.

Fb A abschneiden und mit Fb B die 1.–6. Rd wdh.
Den Fd in Fb B ca. 100 cm lang abschneiden und alle Fd-Enden auf der Rückseite vernähen.
Den provisorischen M-Anschlag auflösen und die M auf eine separate Nd nehmen. Die obere Kante nach innen umschlagen.
Nun die obere und die untere Kante (provisorischer M-Anschlag) aneinanderlegen und beide Kanten im Maschenstich zusammennähen.

FERTIGSTELLUNG

Das Stirnband vorsichtig waschen und trocknen lassen.

ZÄHLMUSTER

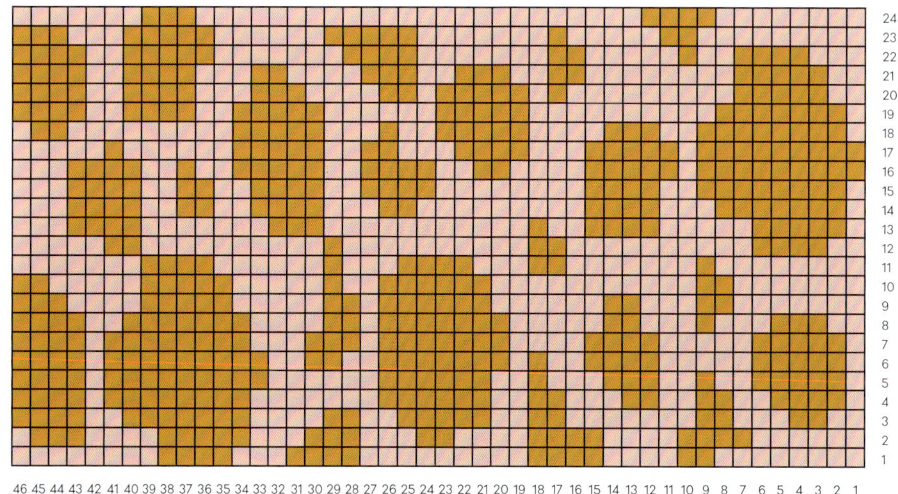

LEGENDE

= Fb A (Hellrosa)
= Fb B (Curry)

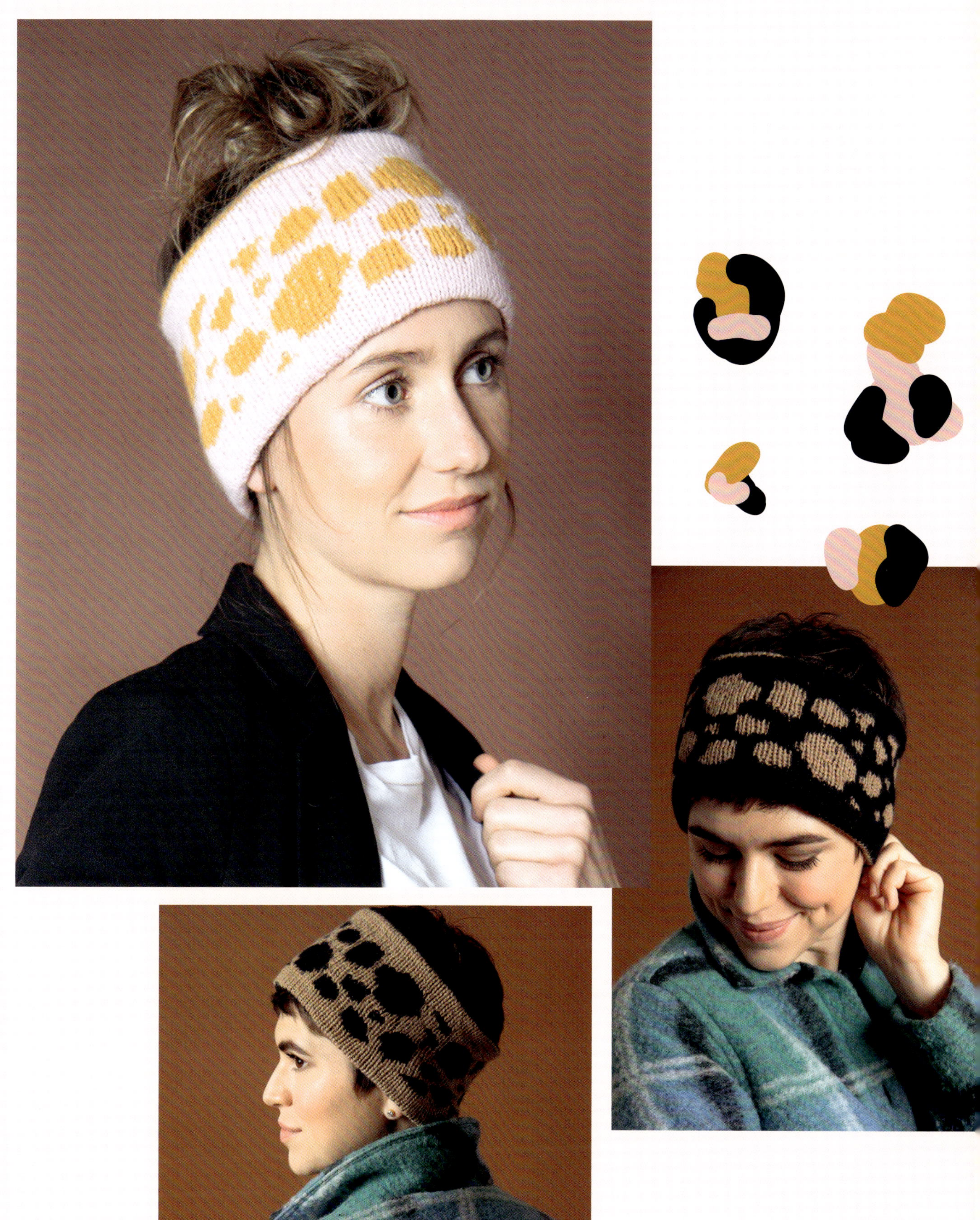

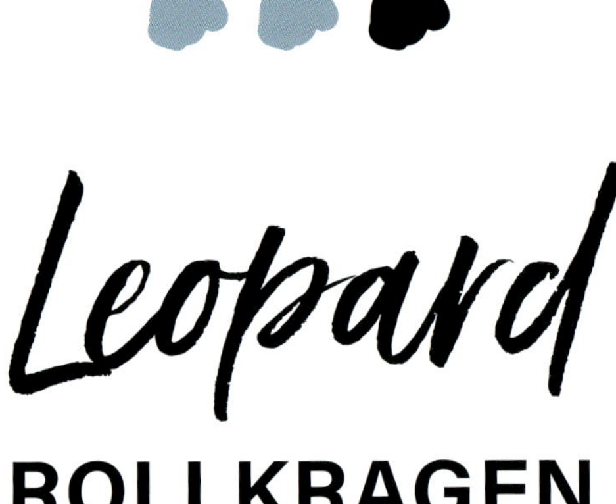

Leopard ROLLKRAGEN

GRÖSSE

Höhe: 22 cm
Breite: 46 cm
Halsumfang: 53 cm

MATERIAL

- Lamana Bergamo (75 % Schurwolle, 25 % Alpaka, LL 65 m/25 g) in Fb A Silbergrau (Fb 05), 75 g, und Fb B Maronenbraun (Fb 06), 25 g
- Farbvariante in Fb A Maronenbraun (Fb 06) und Fb B Creme (Fb 26)
- Rundstricknadel 4,5 mm, 80 cm lang
- Rundstricknadel 4,0 mm, 80 cm lang
- 4 Maschenmarkierer
- Wollnadel

STRICKWEISE

Der Rollkragen wird in Rd von oben nach unten gestrickt und nur am Kragen mit Leopardenpunkten aufgepeppt. Der untere Teil für Brust und Schultern wird ohne Muster einfarbig gearbeitet.

TIPP

Passend zum Rollkragen kann die Leopardenmütze gestrickt werden.

MASCHENPROBE

Mit Nd 4,5 mm glatt rechts:
18 M und 24 R = 10 x 10 cm

GRUNDMUSTER

Bündchenmuster: * 1 M rechts verschr, 1 M links str *, von * bis * stets wdh.
Glatt rechts in Rd: Alle M rechts str.
Leopardenmuster: Das Leopardenmuster in Fb A (Silbergrau) und Fb B (Maronenbraun) glatt rechts in Jacquardtechnik nach dem Zählmuster str. Über alle M das Zählmuster 2x arbeiten und die 1.–24. Rd 1x str.

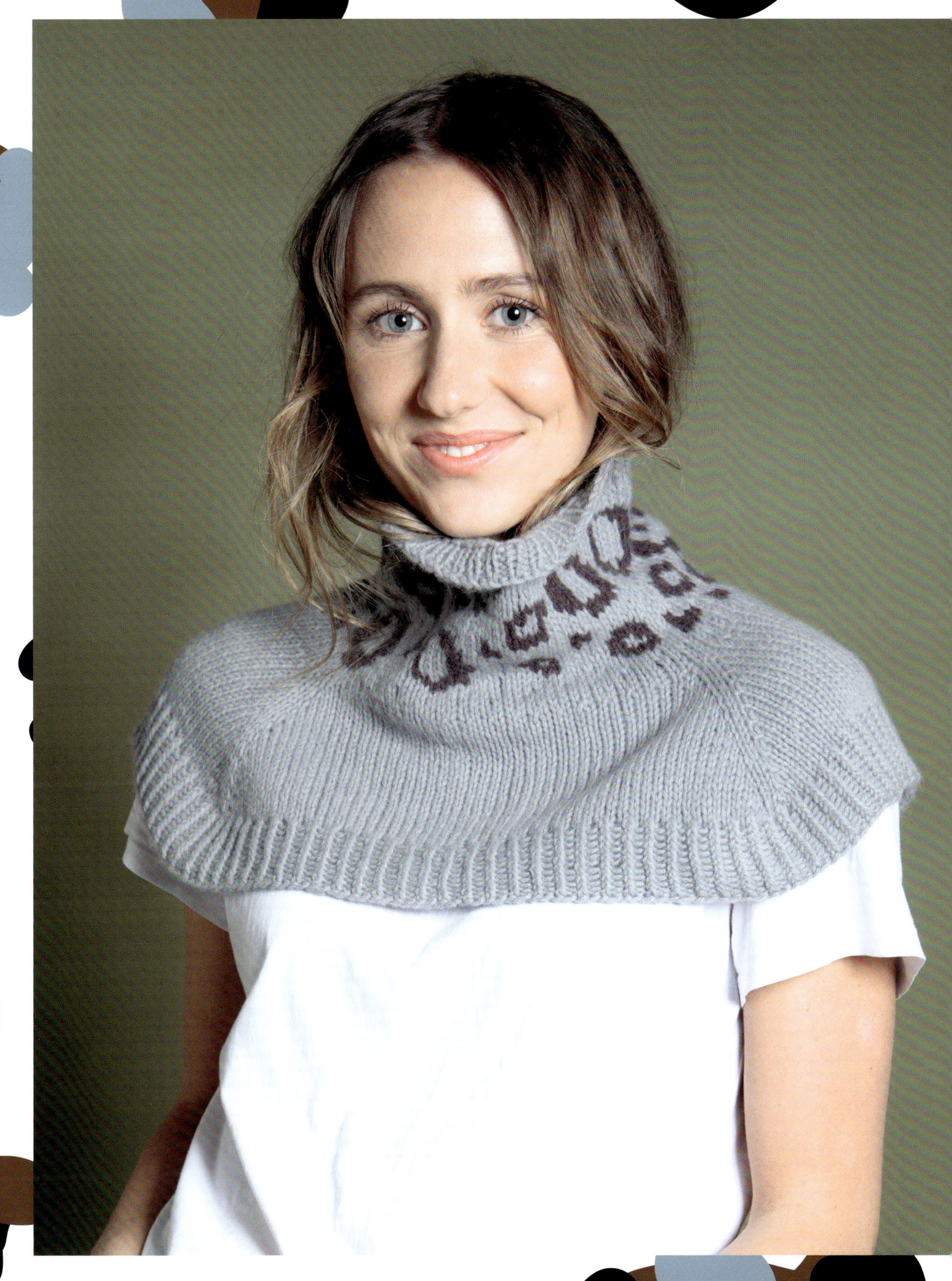

SO GEHT'S

Mit Nd 4,0 mm in Fb A 100 M anschl und vorsichtig zur Rd schließen; den Rd-Anfang mit einem MM kennzeichnen.

2 cm im Bündchenmuster str.

Zu Nd 4,5 mm wechseln.

1. Rd: In Fb A alle M rechts str.

Dann das Leopardenmuster in Fb A und B glatt rechts in Jacquardtechnik gemäß Zählmuster arbeiten: Über alle M 2x das Zählmuster arbeiten und die 1.–24. Rd 1x str. Fb B abschneiden.

AUFBAURUNDE

Es werden MM für die Zunahmen gesetzt:

Nächste Rd: in Fb A 13 M rechts, MM1 setzen, 37 M rechts, MM2 setzen, 13 M rechts, MM3 setzen, 37 M rechts, Rd-MM (= MM4) abh.

SCHULTERZUNAHMEN

1. Rd: * 1 M rechts, M1L, rechte M bis 1 M vor MM, M1R, 1 M rechts, MM abh *, von * bis * für alle MM wdh (= + 8 M)

2. Rd: Rechte M str.

Die 1. und 2. Rd 11x wdh.

BÜNDCHEN

Zu Nd 4,0 mm wechseln und 4 cm im Bündchenmuster str (ggf. M-Zahl anpassen). Dann alle M locker abk.

FERTIGSTELLUNG

Alle Fd-Enden vernähen. Den Rollkragen vorsichtig waschen und trocknen lassen.

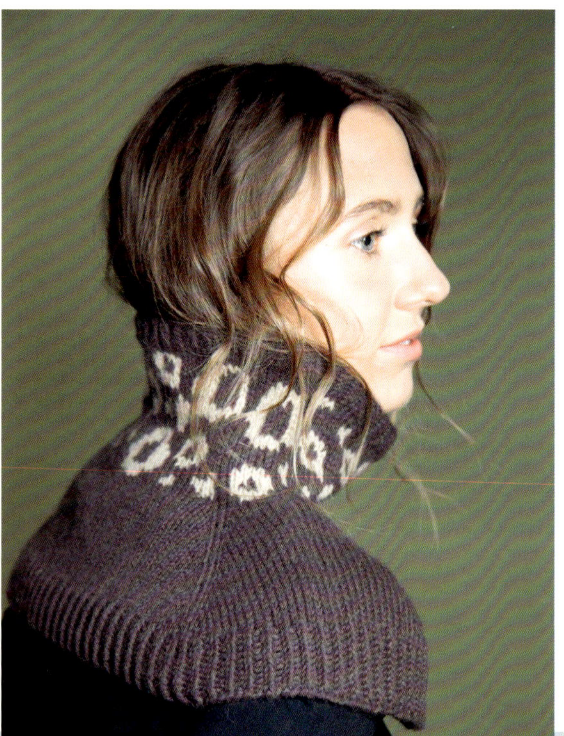

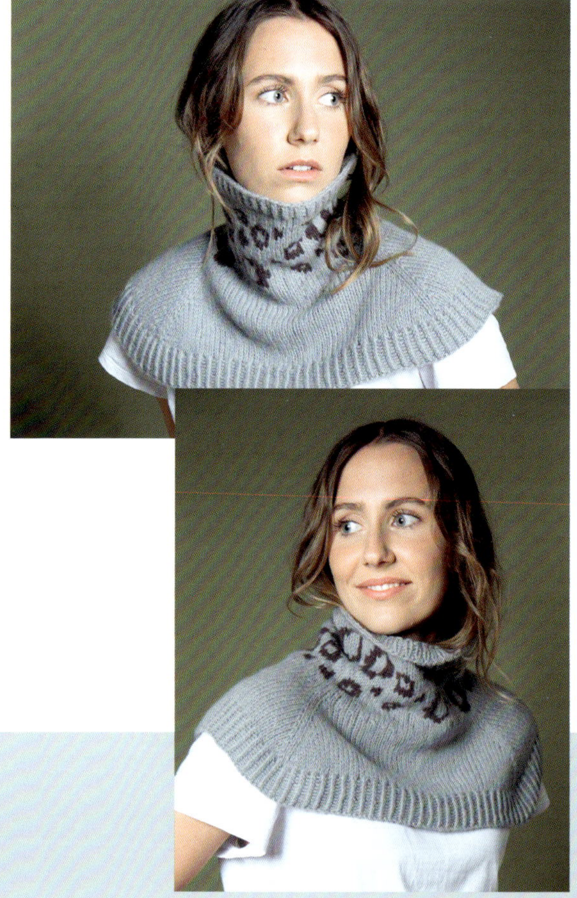

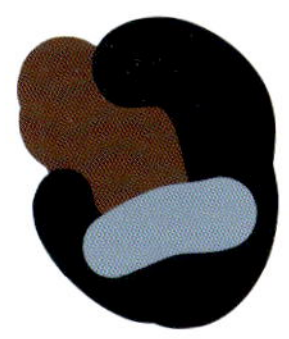
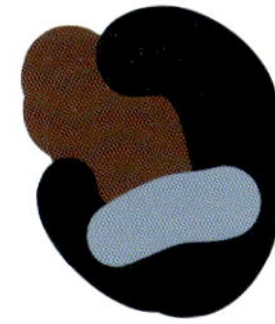

ZÄHLMUSTER

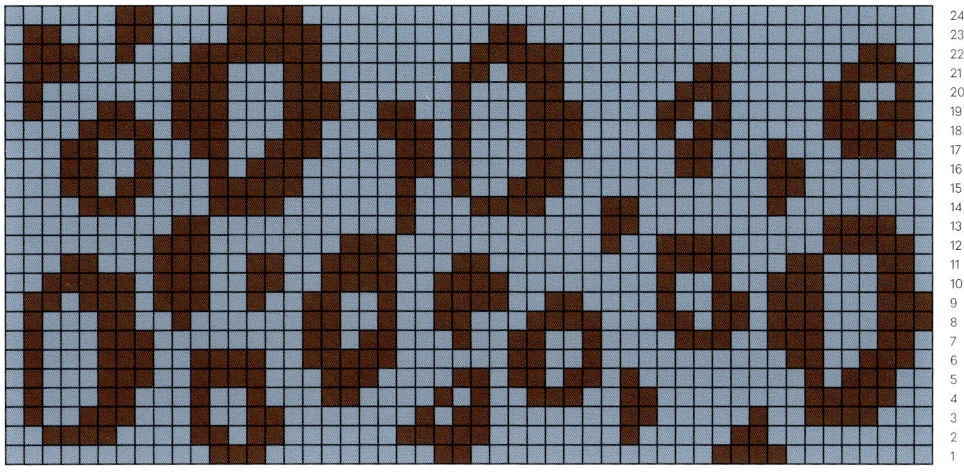

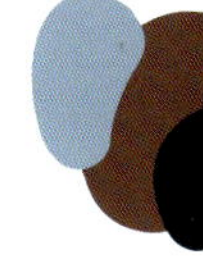

LEGENDE

- = Fb A (Silbergrau)
- = Fb B (Maronenbraun)

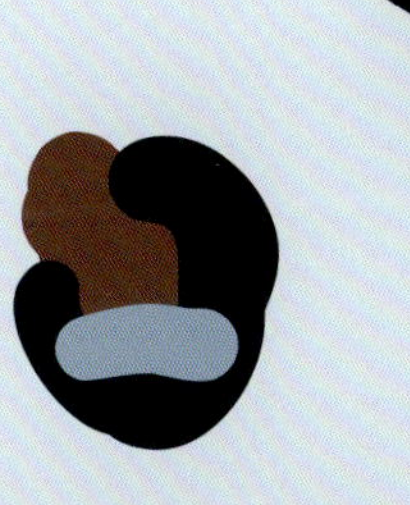
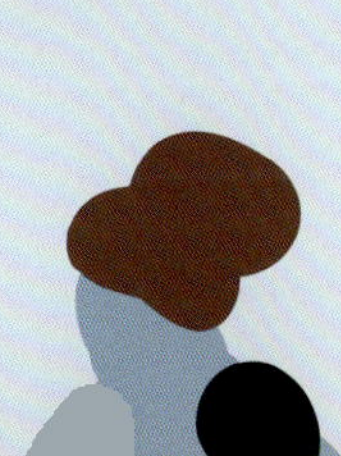

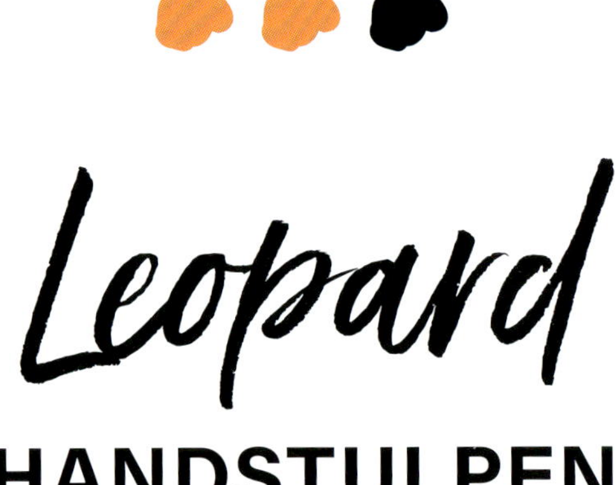

Leopard HANDSTULPEN

GRÖSSE

5 (6/7/8/9/10) für 16 (17/19/21,5/24/27) cm Handumfang

MATERIAL

- Tuku Wool (100 % Finnish Wool, LL 200 m/50 g) in Fb A Nila 202 (Fb H 32) und Fb B Sake (Fb 192), je 100 g
- Nadelspiel oder Rundstricknadel 3,5 mm, 80 cm lang (Magic Loop) oder 30 cm lang
- 3 Maschenmarkierer
- Wollnadel

STRICKWEISE

Die Handstulpen werden mit einem Perlmusterbündchen in Fb A (Nila) begonnen. Der Hauptteil mit dem Leopardenmuster wird glatt rechts in Jacquardtechnik nach dem Zählmuster gearbeitet, nur der Daumen wird einfarbig in Fb A (Nila) gestrickt.

MASCHENPROBE

Mit Nd 3,5 mm glatt rechts:
24 M und 32 R = 10 x 10 cm

GRUNDMUSTER

Bündchenmuster (Perlmuster):
1. Rd: * 1 M rechts, 1 M links str *, von * bis * stets wdh.
2. Rd: * 1 M links, 1 M rechts str *, von * bis * stets wdh.
Glatt rechts in Rd: Alle M rechts str.
Leopardenmuster: Das Leopardenmuster in Fb A (Nila) und Fb B (Sake) glatt rechts in Jacquardtechnik nach dem Zählmuster str. Das Zählmuster über alle M arbeiten und die 1.–12. Rd 1x str bzw. gemäß Anleitung wdh.

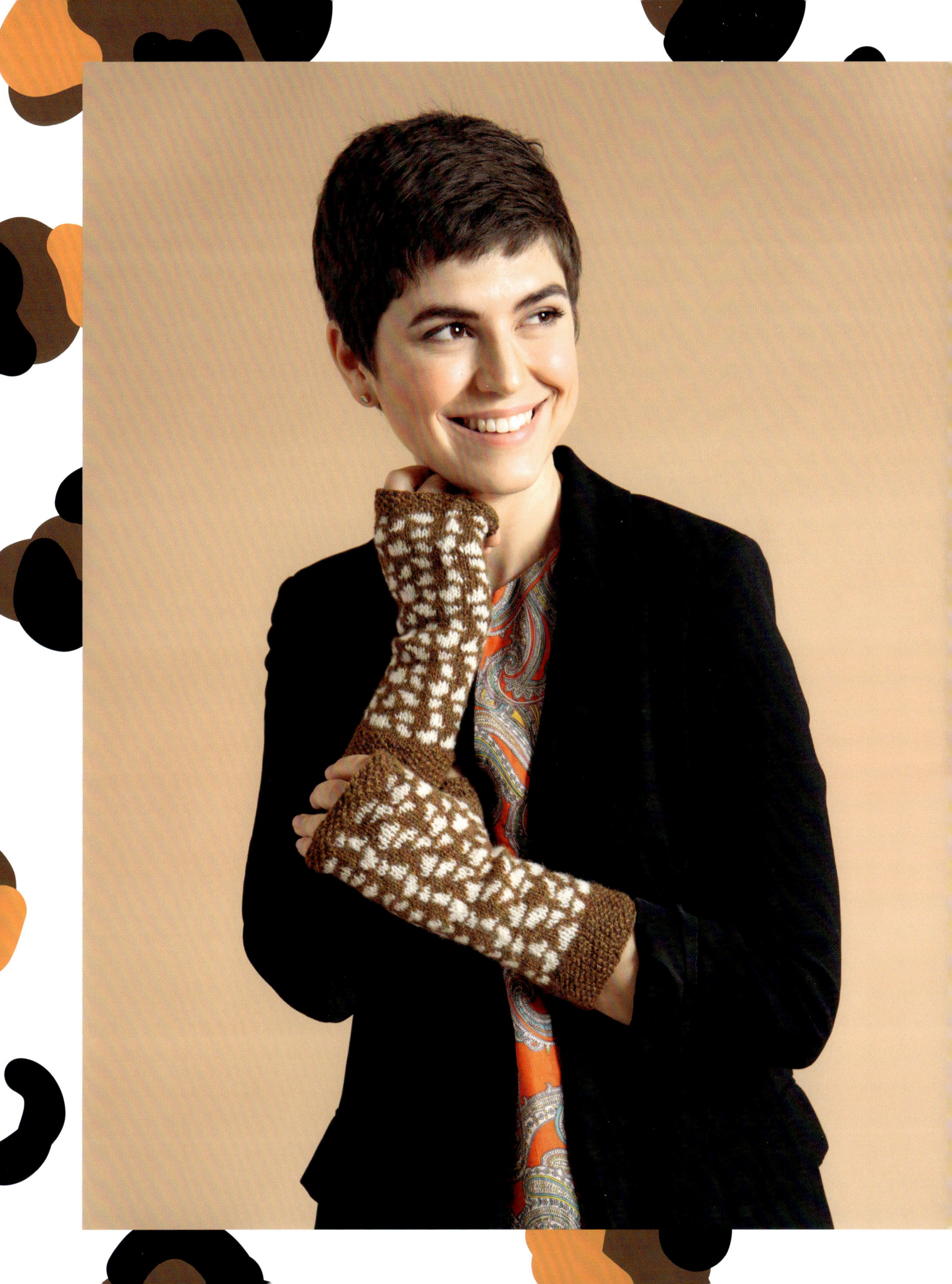

SO GEHT'S

Mit Nd 3,5 mm in Fb A (Nila) 36 (36/40/48/52/60) M anschl und vorsichtig zur Rd schließen; den Rd-Anfang mit einem MM kennzeichnen oder die M auf 4 Nd eines Nd-Spiels verteilen: Dann liegen 9 (9/10/12/13/15) M auf jeder Nd.
3 cm im Bündchenmuster str.

1 Rd rechte M in Fb A (Nila) str.
Dann das Leopardenmuster in Fb A (Nila) und B (Sake) glatt rechts in Jacquardtechnik gemäß Zählmuster arbeiten: Über 36 (36/40/48/52/60) M das Zählmuster arbeiten und die 1.–12. Rd stets wdh bis zu einer Gesamthöhe von 5 (5,5/5,5/6/6,5/7) cm.

DAUMENVORBEREITUNG

Die Daumen-M werden immer in Fb A gestrickt (zwischen MM1 und MM2).

RECHTE HAND

1. Rd: 2 M rechts im Leopardenmuster str, MM1 setzen, in Fb A M1L, MM2 setzen, im Leopardenmuster weiterarbeiten bis Rd-Ende.
2. Rd: Alle M mustergemäß rechts str, dabei alle MM abh.
Weiter mit: Rechte Hand Daumenkeil.

LINKE HAND

1. Rd: Im Leopardenmuster str bis 2 M vor Rd-Ende, MM1 setzen, in Fb A M1L, MM2 setzen, die letzten 2 M der Rd im Leopardenmuster rechts str.
2. Rd: Alle M mustergemäß rechts str, dabei alle MM abh.
Weiter mit: Linke Hand Daumenkeil.

RECHTE HAND DAUMENKEIL

3. Rd: 2 M rechts im Leopardenmuster str, MM1 abh, M1L, rechte M str bis MM2, M1R, MM2 abh, mustergemäß weiterarbeiten bis Rd-Ende.
4.–5. Rd: Alle M rechts str, dabei alle MM abh.
Die 3.–5. Rd stets wdh, bis 11 (11/13/15/17/17) Daumen-M zwischen MM1 und MM2 auf der Nd liegen.

LINKE HAND DAUMENKEIL

3. Rd: Rechte M im Leopardenmuster str bis 2 M vor Rd-Ende, MM1 abh, M1L, rechte M str bis MM2, M1R, MM2 abh, die Rd mustergemäß beenden.
4.–5. Rd: Alle M rechts str, dabei alle MM abh.
Die 3.–5. Rd wdh, bis 11 (11/13/15/17/17) Daumen-M zwischen MM1 und MM2 auf der Nd liegen.

DAUMEN (IN FB A)

Rechte M im Leopardenmuster str bis MM1, mit dem Nd-Spiel die Daumen-M rechts str, 3 (3/3/3/3/5) M für den Daumensteg aufschlingen und die Arbeit zur Rd schließen.
Die 14 (14/16/18/20/22) Daumen-M gleichmäßig auf 3 Nd verteilen und 1 Rd rechte M str.
Zum Bündchenmuster wechseln und 5 Rd str, alle M abketten.

HANDSTULPEN BEENDEN

Mit der 1. M nach dem Daumen beginnen.

1. Rd: Den Maschenschenkel der vorherigen M mit der 1. M nach dem Daumen rechts zusammen str, MM1 setzen, rechte M im Leopardenmuster str bis zur 1. M vor dem Daumen, MM2 setzen, die letzte M rechts abh und mit dem Maschenschenkel der 1. Daumen-M links geneigt rechts zusammen str, aus dem Daumensteg 3 (3/3/3/3/5) M auffassen.
2. Rd: Alle M rechts str bis MM1, MM1 abh.
3. Rd: Alle M mustergemäß rechts str bis MM2, MM2 abh, zwei M links geneigt zusammenstr, mustergemäß rechts str bis 2 M vor MM1, 2 M rechts geneigt zusammenstr, MM1 abh.
Die 2. und 3. Rd stets wdh, bis die ursprüngliche M-Zahl von 36 (36/40/48/52/60) M erreicht wird.
Weiter im Leopardenmuster str bis zu einer Höhe von ca. 4 cm ab Daumenkeil. Farbe B abschneiden. 1 Rd rechte M in Fb A str.
Zum Bündchenmuster wechseln und 5 Rd str, alle M locker abk.

FERTIGSTELLUNG

Fd-Enden vernähen. Die Handstulpen vorsichtig waschen, in Form streichen und trocknen lassen.

ZÄHLMUSTER

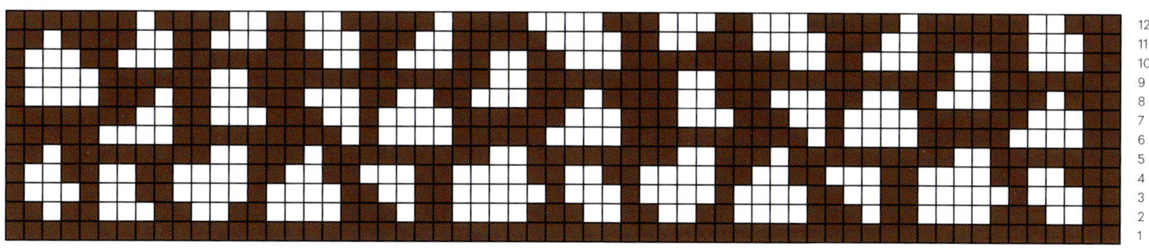

LEGENDE

■ = Fb A (Nila)
□ = Fb B (Sake)

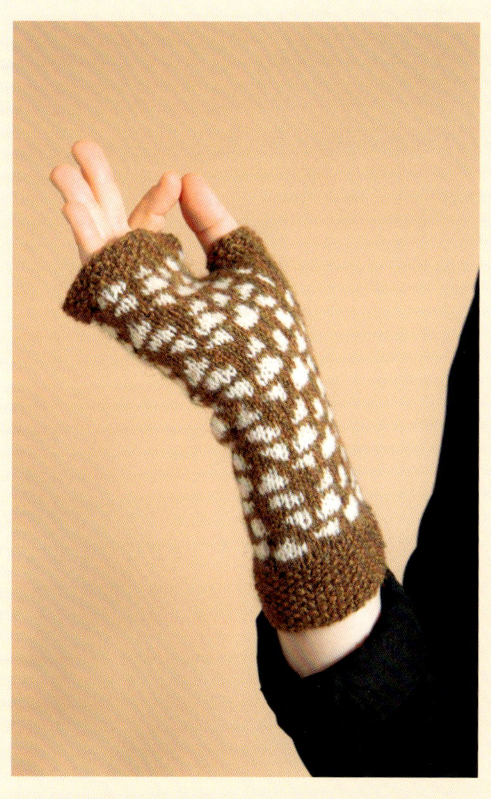

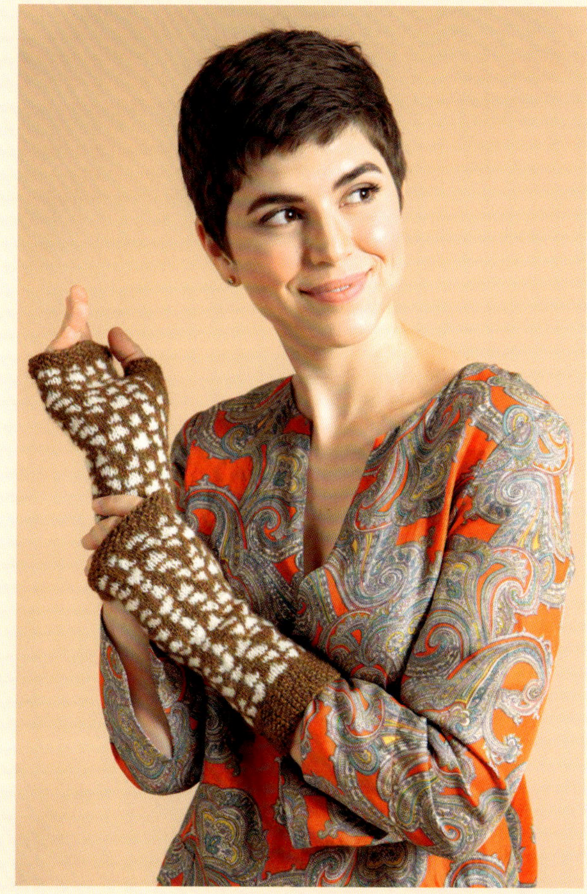

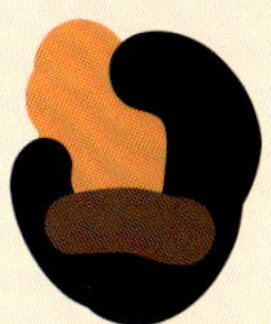

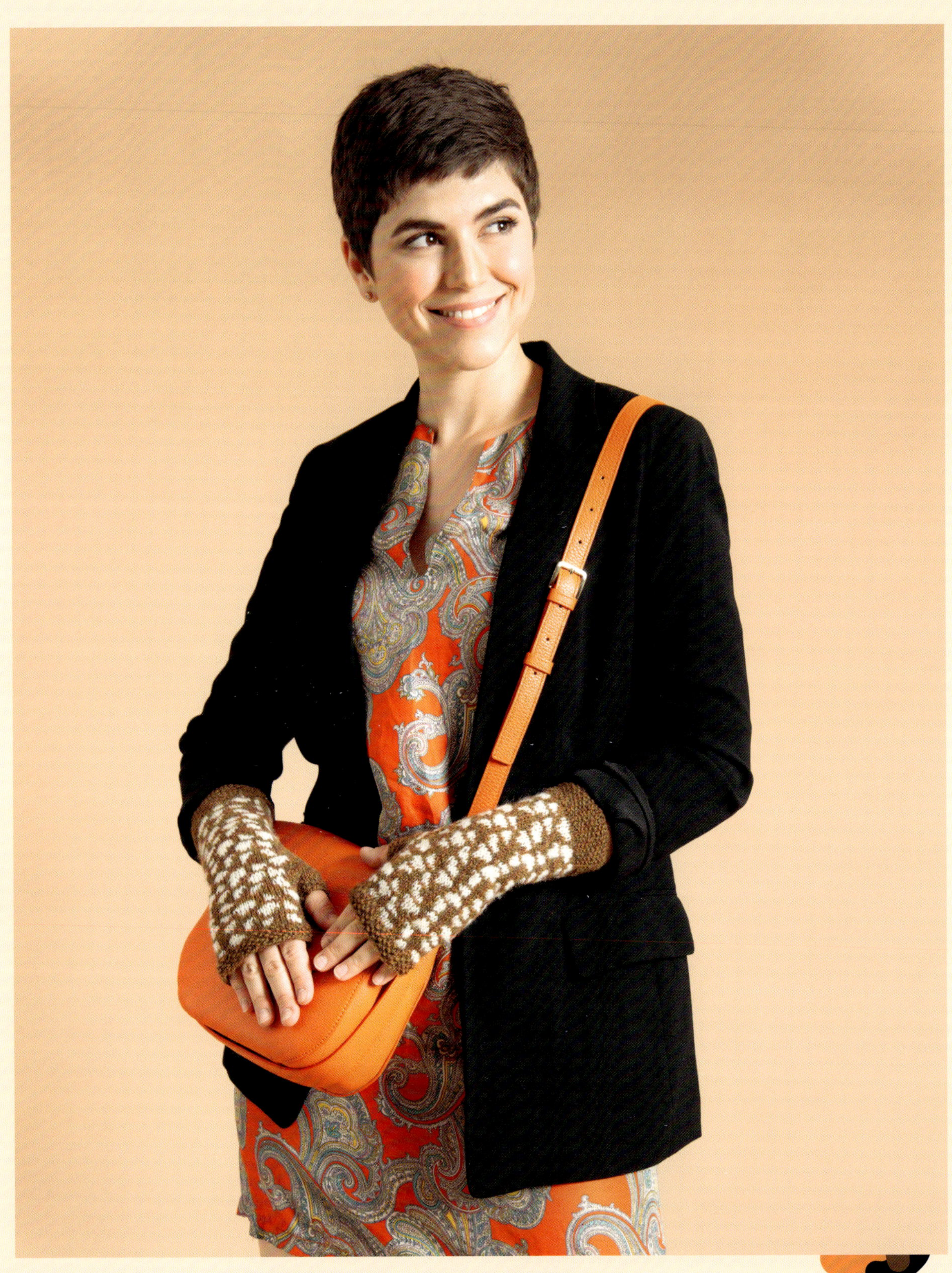

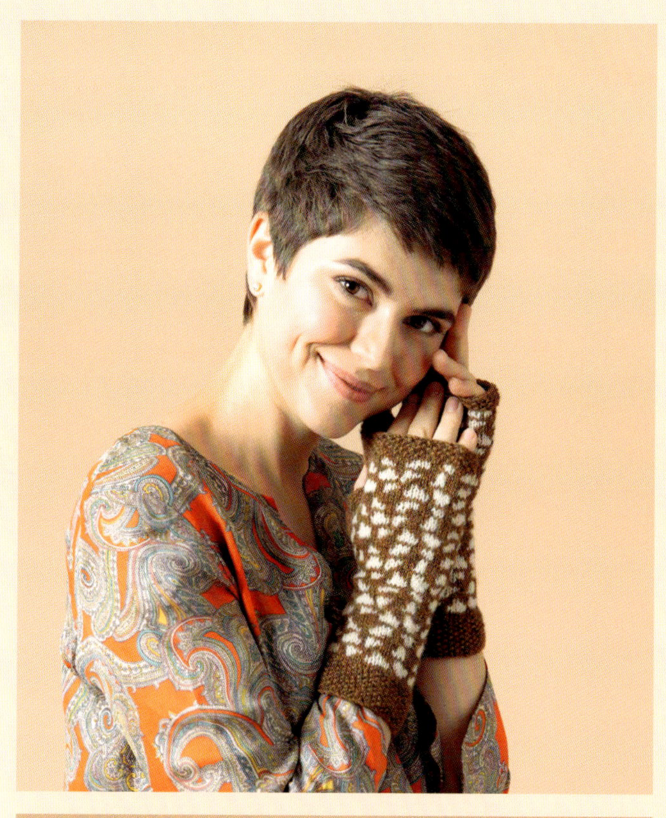

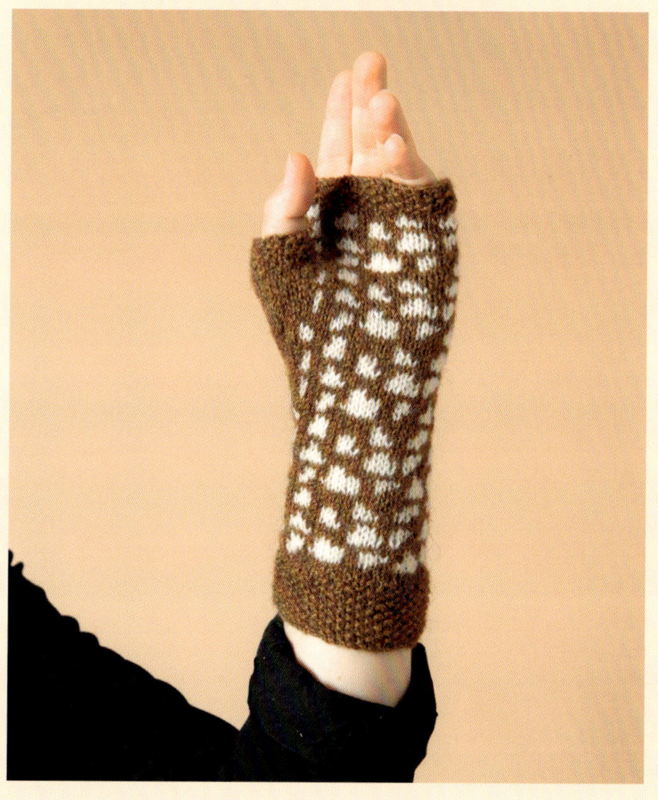

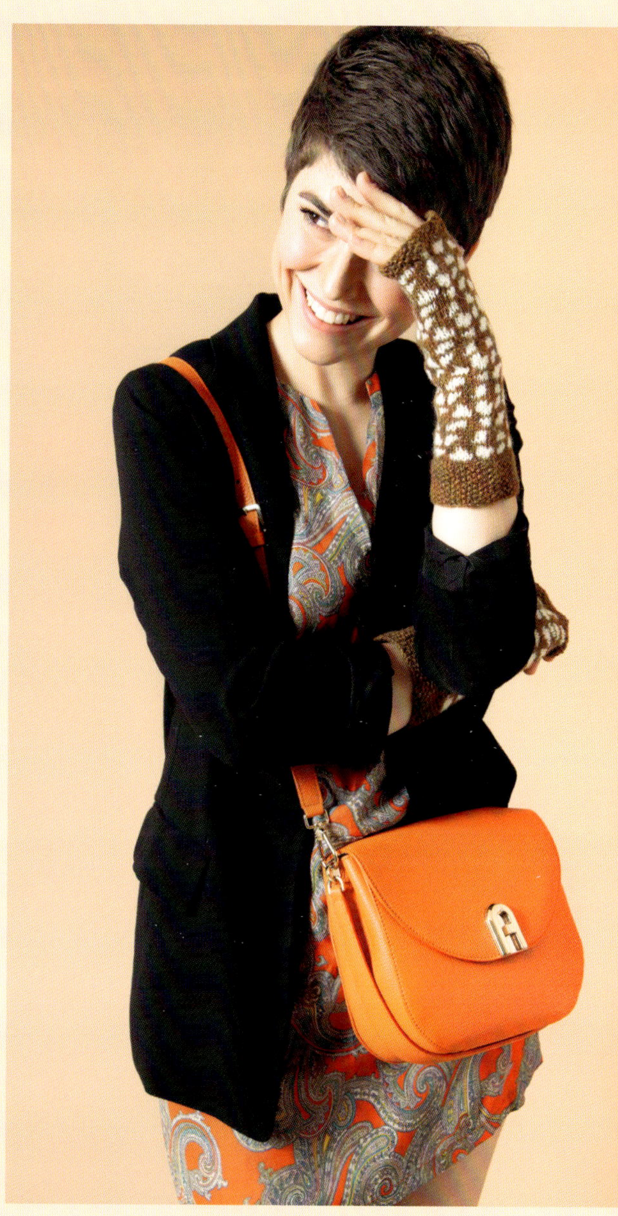

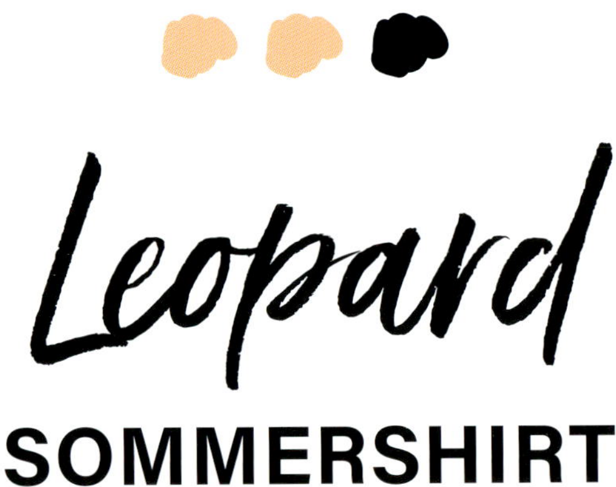

Leopard SOMMERSHIRT

GRÖSSE

XS (S/M/L1/L2/XL/XXL)

Fertige Maße: 111 (117/122/127/132/141/147) cm Brustumfang
Das Shirt wird mit 25 cm mehr Weite als üblich getragen; diese zusätzliche Weite ist im Schnitt mit eingerechnet.

MATERIAL

- ITO Gima 8.5 (100 % Baumwolle, LL 212 m/25 g) in Fb A Carrot (Fb 09), 100 g (100 g/100 g/100 g/125 g/125 g/150 g), und Fb B Pacific (Fb 19), 25 g für alle Größen
- Rundstricknadel 3,0 mm, 80 cm lang
- Rundstricknadel 2,5 mm, 80 cm lang
- 6 Maschenmarkierer
- Wollnadel

STRICKWEISE

Das Sommershirt im Leopardenlook wird von oben nach unten gestrickt. Es wird mit einem provisorischen Maschenanschlag im Rückenteil begonnen, danach wird das Vorderteil aus dem Maschenanschlag herausgestrickt. Unter dem Armausschnitt werden die Teile zur Runde geschlossen.

MASCHENPROBE

Mit Nd 3,0 mm glatt rechts str in Fb B (Pacific): 23 M und 32 R = 10 x 10 cm

GRUNDMUSTER

Glatt rechts in R: In Hin-R rechte M, in Rück-R linke M str.
Glatt rechts in Rd: Alle M rechts str.
Bündchenmuster: * 1 M rechts, 1 M links str *, von * bis * stets wdh.
Leopardenmuster: Das Leopardenmuster in Fb A (Carrot) und Fb B (Pacific) glatt rechts in Jacquardtechnik nach dem Zählmuster str. Das Zählmuster über alle M fortlaufend arbeiten und die 1.–24. Rd 1x str.

RANDMASCHEN

In Hin-R und Rück-R die 1. M immer rechts verschr str und die letzte M immer links abh (FV).

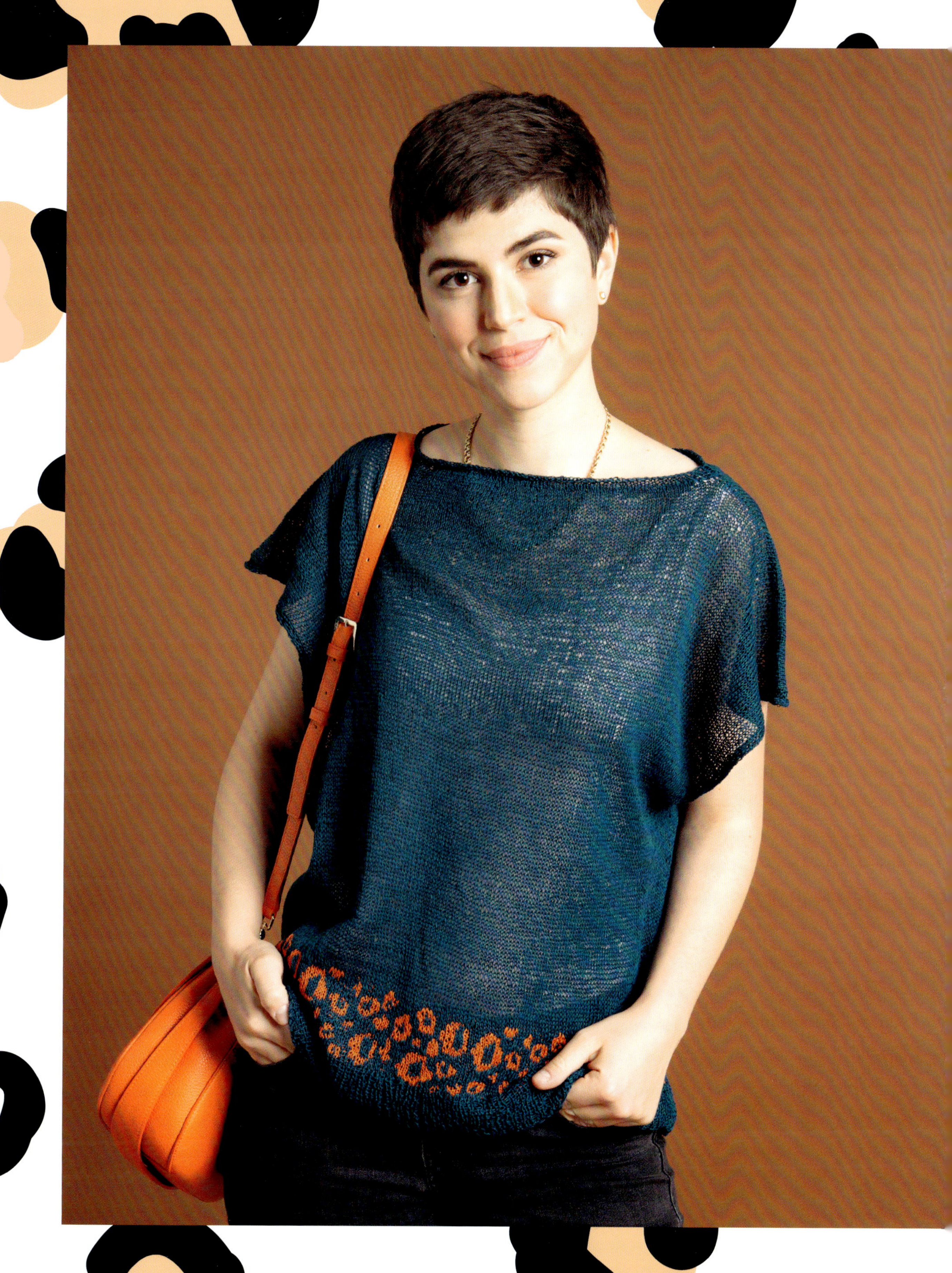

SO GEHT'S

RÜCKENTEIL

Mit Nd 3,0 mm in Fb A 124 (130/134/138/142/150/156) M provisorisch anschl.

Einteilungs-R (Rück-R): RM, 5 M rechts str, MM setzen, links str bis 6 M vor R-Ende, MM setzen, 5 M rechts str, RM.
1. R (Hin-R): RM, 5 M links str, MM abh, rechts str bis 6 M vor R-Ende, MM abh, 5 M links str, RM.
2. R (Rück-R): RM, 5 M rechts str, MM abh, links str bis 6 M vor R-Ende, MM abh, 5 M rechts str, RM.
Die 1. und 2. R stets wdh, bis 23 (23/23/24/25/25/25) cm erreicht werden (leicht gespannt).
Alle M stilllegen und den Faden abschneiden.

LINKES VORDERTEIL

An der linken Kante beginnend in Fb A 32 (35/37/39/39/43/44) M des provisorischen M-Anschlags auflösen und auf die Nd nehmen. Die restlichen M stillgelegt lassen.
Am Außenrand mit einer Rück-R beginnen.

Rück-R: RM, 5 M rechts str, MM setzen, linke M str bis R-Ende.
1. R (Hin-R): rechte M str bis 6 M vor R-Ende, MM abh, 5 M links str, RM.
2. R (Rück-R): RM, 5 M rechts str, MM abh, linke M str bis R-Ende.
Alle M stilllegen und Fäden abschneiden.

RECHTES VORDERTEIL

An der rechten Kante beginnend in Fb A 32 (35/37/39/39/43/44) M des provisorischen M-Anschlags auflösen und aufnehmen. Die restlichen M stillgelegt lassen.
Innen am Halsausschnitt mit einer Rück-R beginnen.
Rück-R: Links str bis 6 M vor R-Ende, MM setzen, 5 M rechts str, RM.
1. R (Hin-R): RM, 5 M links str, MM abh, rechts str bis R-Ende.
2. R (Rück-R): Links str bis 6 M vor R-Ende, MM abh, 5 M rechts str, RM.

VORDERTEILE VERBINDEN

Die M des linken Vorderteils auf eine zusätzliche Nd nehmen.
1. R (Hin-R): RM, 5 M links str, MM abh, rechts str bis R-Ende, 60 (60/60/60/64/64/68) M aufschlingen, die M des linken Vorderteils rechts str bis 6 M vor R-Ende, MM abh, 5 M links str, RM.
2. R (Rück-R): RM, 5 M rechts str, MM abh, links str bis 6 M vor R-Ende, MM abh, 5 M rechts str, RM.
Die 1. und 2. R stets wdh, bis 23 (23/23/24/25/25/25) cm erreicht werden (leicht gespannt), dabei die aufgeschlungen M glatt rechts str.
MM entfernen.

RÜCKEN- UND VORDERTEIL VERBINDEN

Die M des Rückenteils auf eine zusätzliche Nd nehmen.
Die aufgeschlungenen M werden in Fb A glatt rechts gestrickt.

3. Rd: Die M des Vorderteils rechts str bis R-Ende, 2 (2/3/4/5/6/7) M aufschlingen, MM1 setzen, 2 (2/3/4/5/6/7) M aufschlingen, im Rückenteil rechte M str bis R-Ende, 2 (2/3/4/5/6/7) M aufschlingen, einen MM für den Rd-Beginn setzen, 2 (2/3/4/5/6/7) M aufschlingen.
4. Rd: Rechts str bis MM1, MM abh, rechts str bis Rd-Ende.

ABNAHMEN KÖRPER

Glatt rechts in Rd weiterstr, dabei in jeder 10. Rd seitlich Abnahmen arbeiten wie folgt:
Jede 10. Rd: 2 M rechts zusstr, rechts str bis 2 M vor MM1, 2 M rechts zusstr, MM1 abh, 2 M rechts zusstr, rechts str bis 2 M vor Rd- Ende, 2 M rechts zusstr.

Nach 25 cm ab Unterarm mit dem Muster beginnen:

TIPP

Das Leopardenmuster mit 0,5 mm dickeren Nd str, damit das Top nicht zu eng wird, weil das Jacquardmuster weniger elastisch ist als einfarbig glatt rechtes Gestrick.

LEOPARDENMUSTER

Das Leopardenmuster in Fb A (Carrot) und Fb B (Pacific) glatt rechts in Jacquardtechnik nach dem Zählmuster str. Es wird über alle M des Vorderteils und des Rückenteils das Zählmuster fortlaufend gearbeitet; die 1.–24. Rd wird 1x gestrickt. Keine Abnahmen mehr str. Fb B (Pacific) abschneiden.

BÜNDCHEN

Nach dem Leopardenmuster mit Nd 2,5 mm noch 1 Rd in Fb A (Carrot) str, dann 5 cm im Bündchenmuster str (ggf. M-Zahl anpassen). Dann die M locker abk, wie sie erscheinen.

HALSAUSSCHNITTBLENDE

Die Ausschnittweite lässt sich regulieren, indem mehr oder weniger M aufgefasst werden (weiter = mehr M, enger = weniger M).
Die stillgelegten M des provisorischen M-Anschlags auf eine Nd nehmen. Aus dem Ausschnitt in Fb A (Carrot) 60 (60/60/60/64/64/68) M auffassen, MM setzen. 7 Rd rechts str, dann alle M locker abk.

FERTIGSTELLUNG

Die restlichen Fd-Enden vernähen. Das Top vorsichtig waschen, liegend in Form ziehen und trocknen lassen.

ZÄHLMUSTER

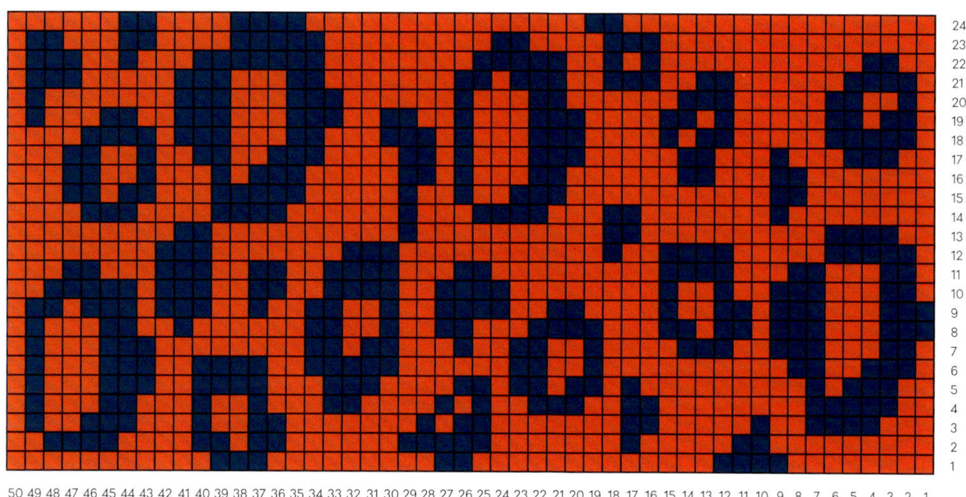

LEGENDE

- = Fb A (Carrot)
- = Fb B (Pacific)

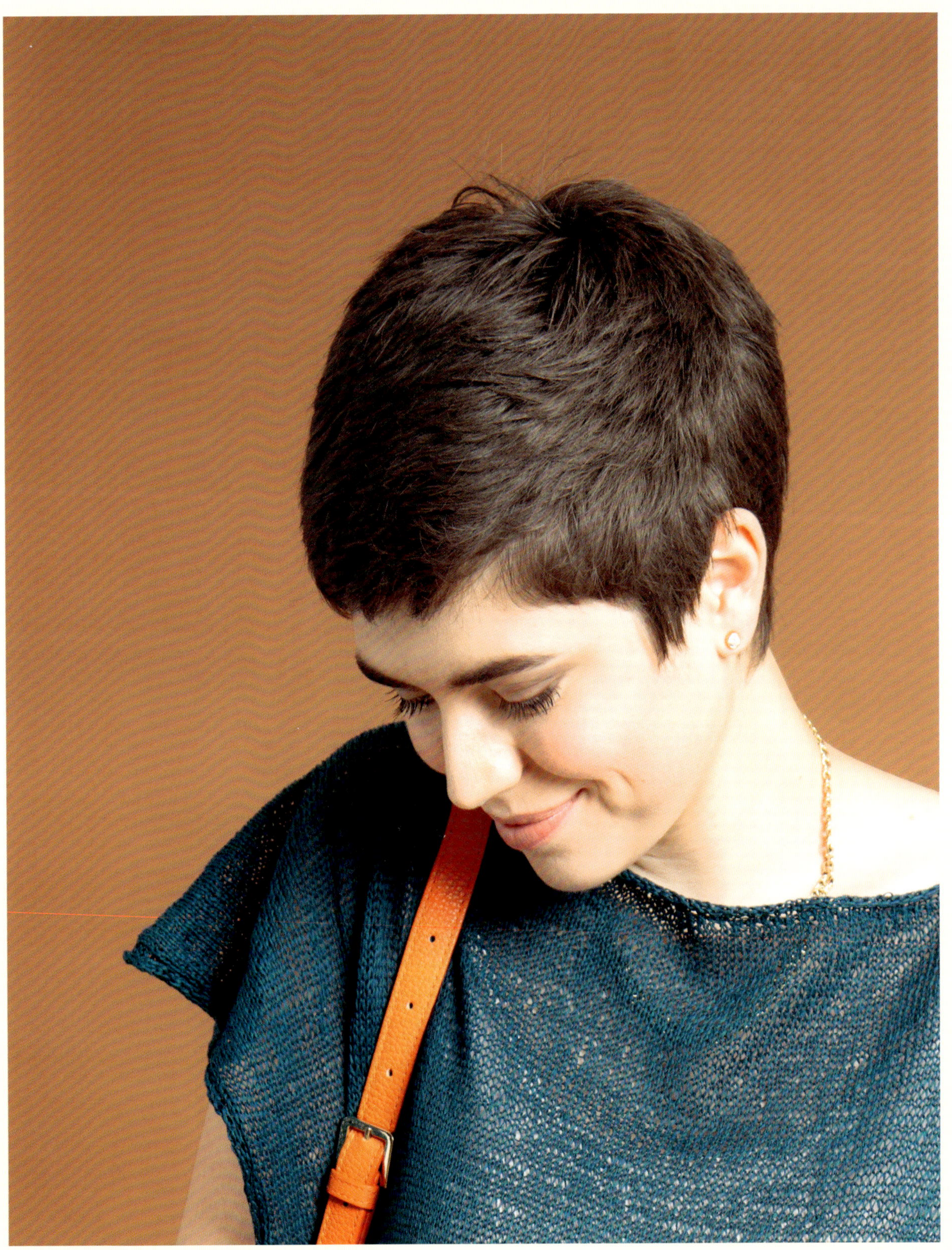

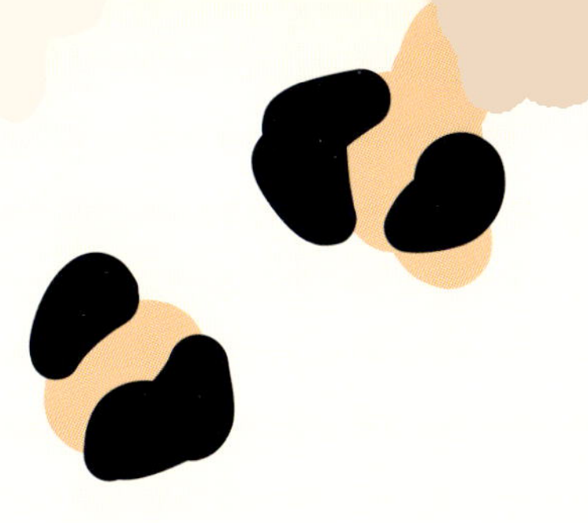

Das Sommershirt
mit der Leoparden-
bordüre sieht auch in
umgekehrter Farbstellung
sehr attraktiv aus.

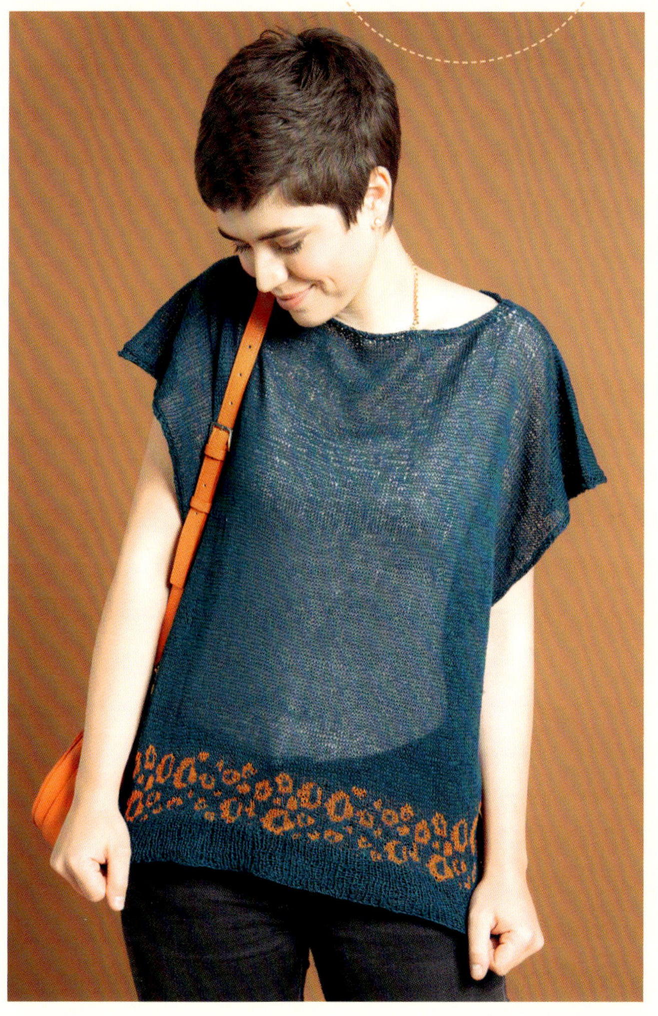

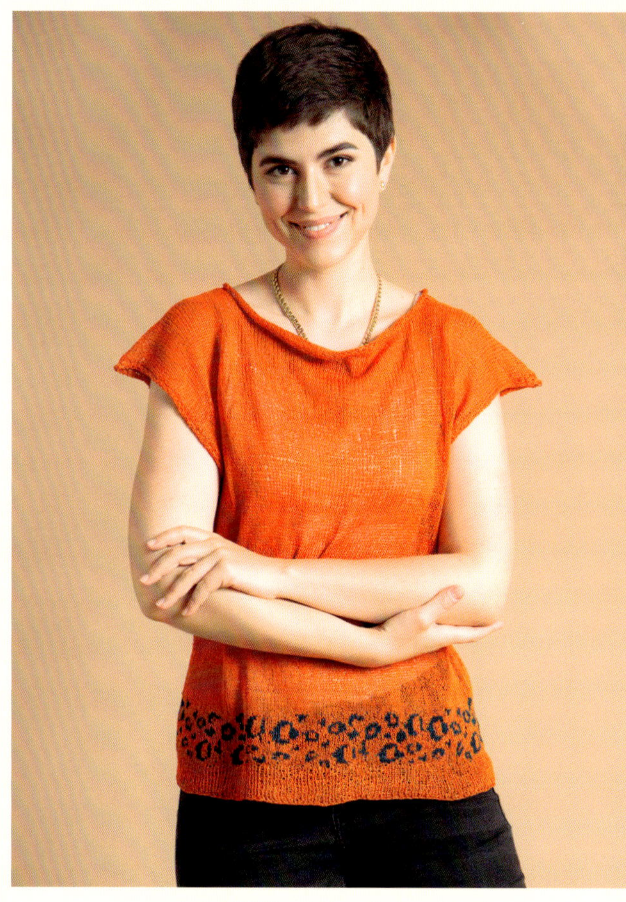

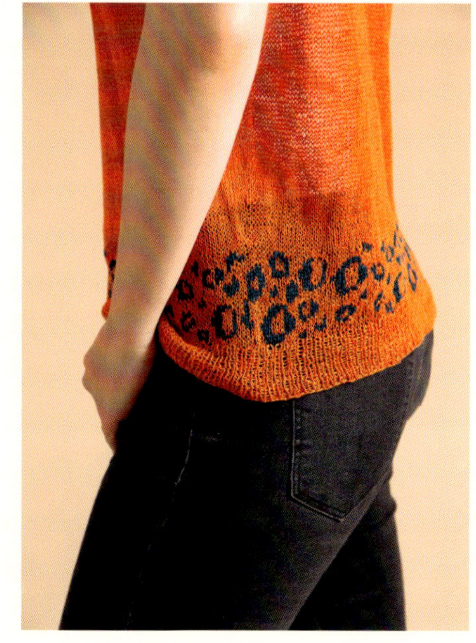

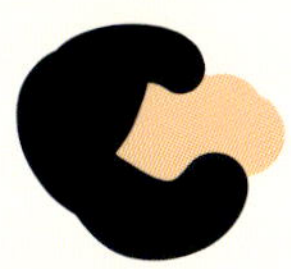

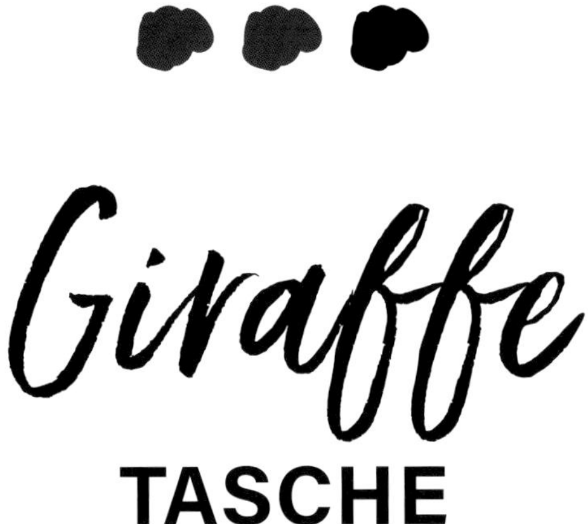

Giraffe TASCHE

GRÖSSE
35 x 30 cm

MATERIAL
- Schachenmayr Catania (100 % Baumwolle, LL 125 m/50 g) in Fb A Camel (Fb 179), 250 g, und Fb B Creme (Fb 130), 100 g
- Rundstricknadel 3,5 mm, 80 cm lang
- Rundstricknadel 3,0 mm, 80 cm lang
- 3 Maschenmarkierer
- Dünner Fadenrest, passend zu Fb A
- Wollnadel
- 1 Lederriemen mit Karabinerhaken

STRICKWEISE
Zunächst wird mit einem provisorischen M-Anschlag begonnen und die Außentasche in Runden im Giraffenmuster gearbeitet. Für mehr Stabilität wird eine Innentasche in Fb A direkt angestrickt und nach innen gestülpt. Die Nähte oben und unten werden im Maschenstich geschlossen.

MASCHENPROBE
Mit Nd 3,5 mm glatt rechts:
24 M und 34 R = 10 x 10 cm

GRUNDMUSTER
Glatt rechts in Rd: Stets rechte M str.
Giraffenmuster: Das Giraffenmuster in Fb A (Camel) und Fb B (Creme) glatt rechts in Jacquardtechnik nach dem Zählmuster str. Es wird über alle 156 M das Zählmuster 3x gearbeitet (Vorder- und Rückenteil der Tasche) und die 1.–53. Rd 2x gestrickt.

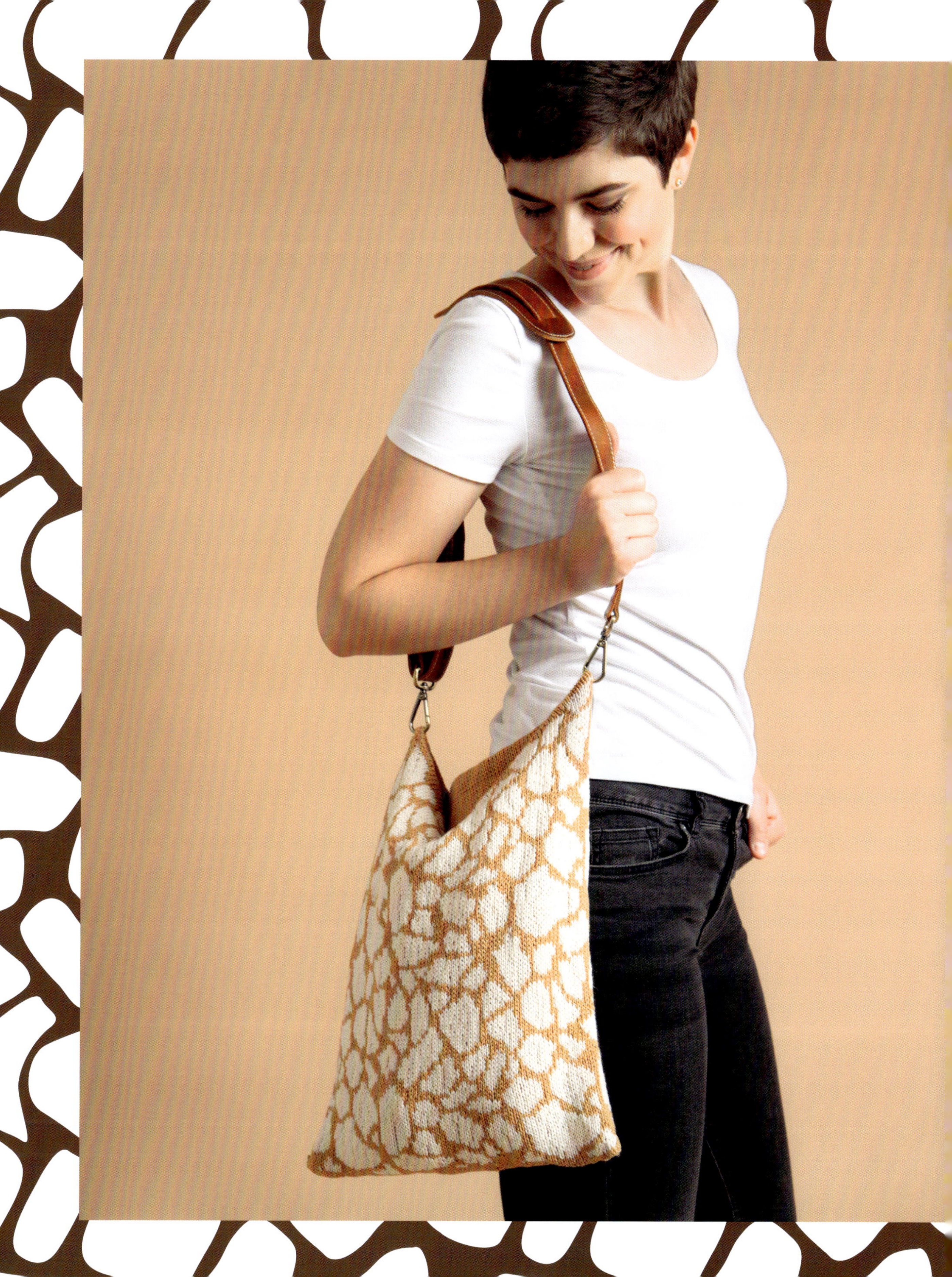

SO GEHT'S

AUSSENTASCHE

Mit Nd 3,5 mm in Fb A (Camel) 156 M provisorisch anschl und vorsichtig zur Rd schließen; den Rd-Anfang mit einem MM kennzeichnen. In Fb A 2 Rd rechts str. Dann das Giraffenmuster in Fb A und B glatt rechts in Jacquardtechnik gemäß Zählmuster arbeiten: Über alle M 3x das Zählmuster arbeiten und die 1.–53. Rd 2x str. 2 Rd rechte M in Fb A str.
Fb B abschneiden und für die Innentasche mit Fb A weiterarbeiten.

INNENTASCHE

Die 1. Rd mit Nd 3,5 mm str und gleichmäßig verteilt 6x 2 M rechts zusstr, zu Nd 3,0 mm wechseln und 109 Rd glatt rechts str.
Die M auf der Nd lassen und den Fd etwas länger abschneiden.

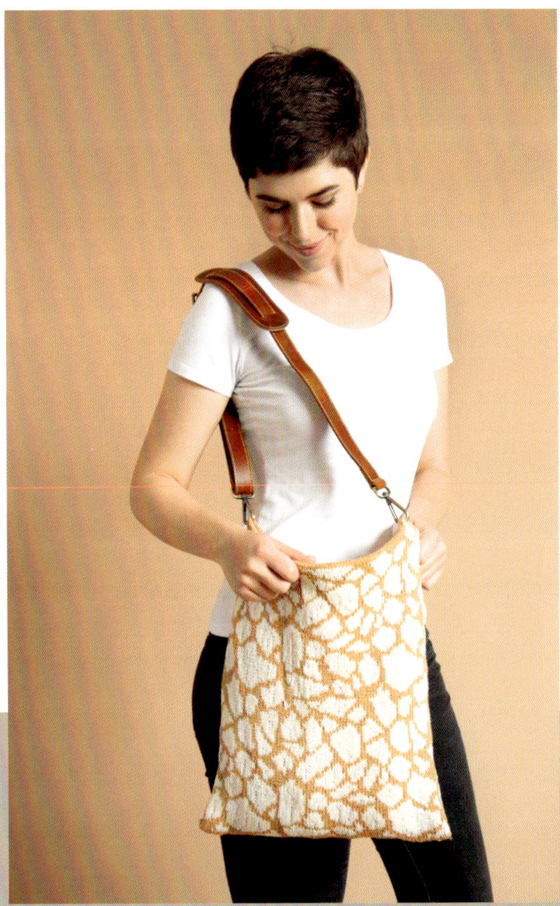

SCHLIESSEN DER NÄHTE

Vorder-und Rückseitenteil der Giraffentasche im Maschenstich verbinden und so die obere Naht schließen. Fd abschneiden.
Den provisorischen M-Anschlag vorsichtig auflösen und die offenen M auf eine Nd auffassen.
Mit Fb A wie an der oberen Kante die M im Maschenstich verbinden. Fd abschneiden.

FERTIGSTELLUNG

Alle Fd-Enden vernähen. Die Tasche vorsichtig waschen, liegend in Form ziehen und trocknen lassen.
Die Innentasche in Fb A nach innen stülpen.

LEDERRIEMEN

An den Seiten wird jeweils ein Knopfloch gearbeitet: Ca. 1 cm unterhalb der Kante mit dem Finger vorsichtig ein Loch bohren und die M weiten. Diese Knopflöcher mit einem dünnen Fadenrest in Fb A im Knopflochstich verstärken. Hier können die Karabinerhaken des Lederriemens eingehakt werden.

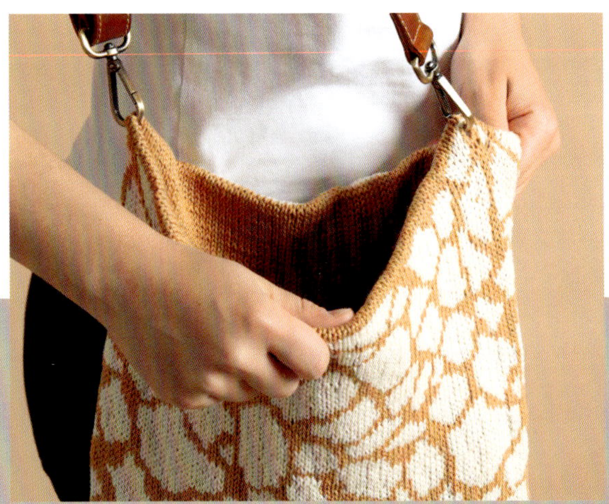

ZÄHLMUSTER

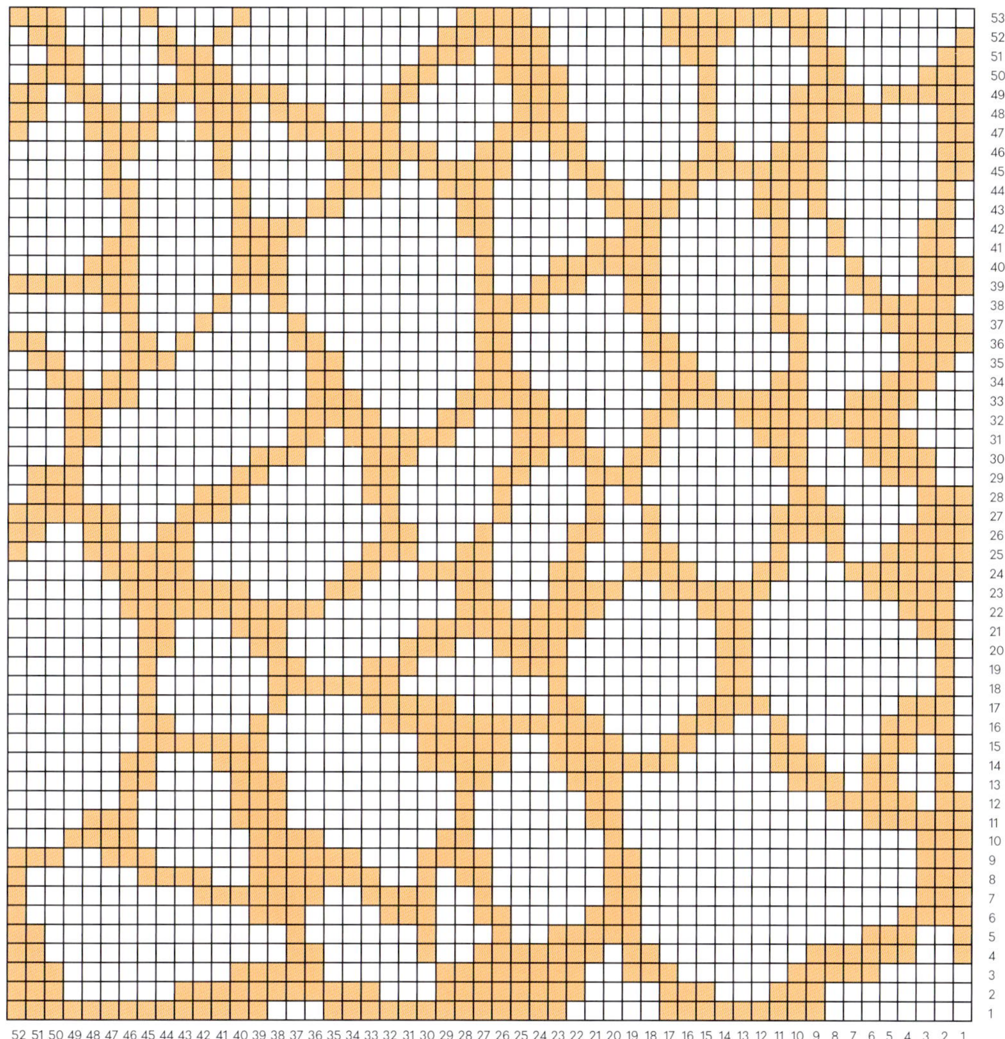

LEGENDE

- = Fb A (Camel)
- = Fb B (Creme)

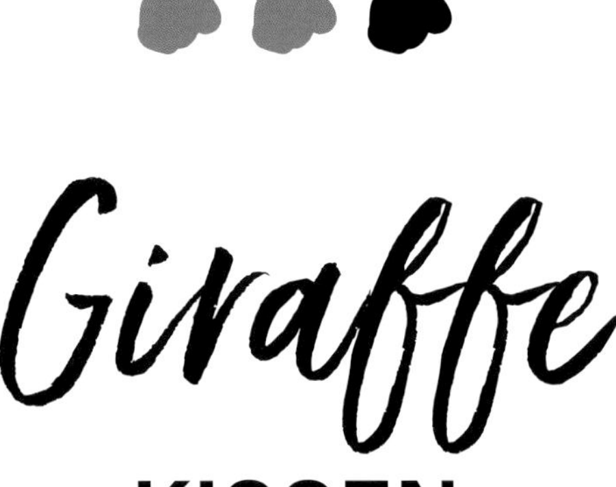

Giraffe KISSEN

GRÖSSE

50 x 50 cm

MATERIAL

- De rerum natura Gilliatt (100 % Wolle, LL 200 m/100 g) in Fb A Goeland, 200 g, und Fb B Genet, 100 g
- Rundstricknadel 4,5 mm, 80 cm lang
- 2 Maschenmarkierer
- Wollnadel
- Innenkissen 50 x 50 cm

STRICKWEISE

Vorderteil und Rückenteil werden separat gestrickt: das Vorderteil im Giraffenmuster und das Rückteil einfarbig in Fb A. Die Kissenteile werden zum Schluss mit einem I-Cord zusammengestrickt.

MASCHENPROBE

Mit Nd 4,5 mm glatt rechts:
17 M und 25 R = 10 x 10 cm

RANDMASCHEN

In Hin und Rück-R die 1. M immer rechts verschr str und die letzte M immer links abh (FV).

GRUNDMUSTER

Glatt rechts in R: In Hin-R rechte M, in Rück-R linke M str.

Giraffenmuster: Das Giraffenmuster in Fb A (Goeland) und Fb B (Genet) glatt rechts in Jacquardtechnik nach dem Zählmuster str. Über alle M das Zählmuster 1x arbeiten (Vorderteil) und die 1.–59. Rd 2x str.

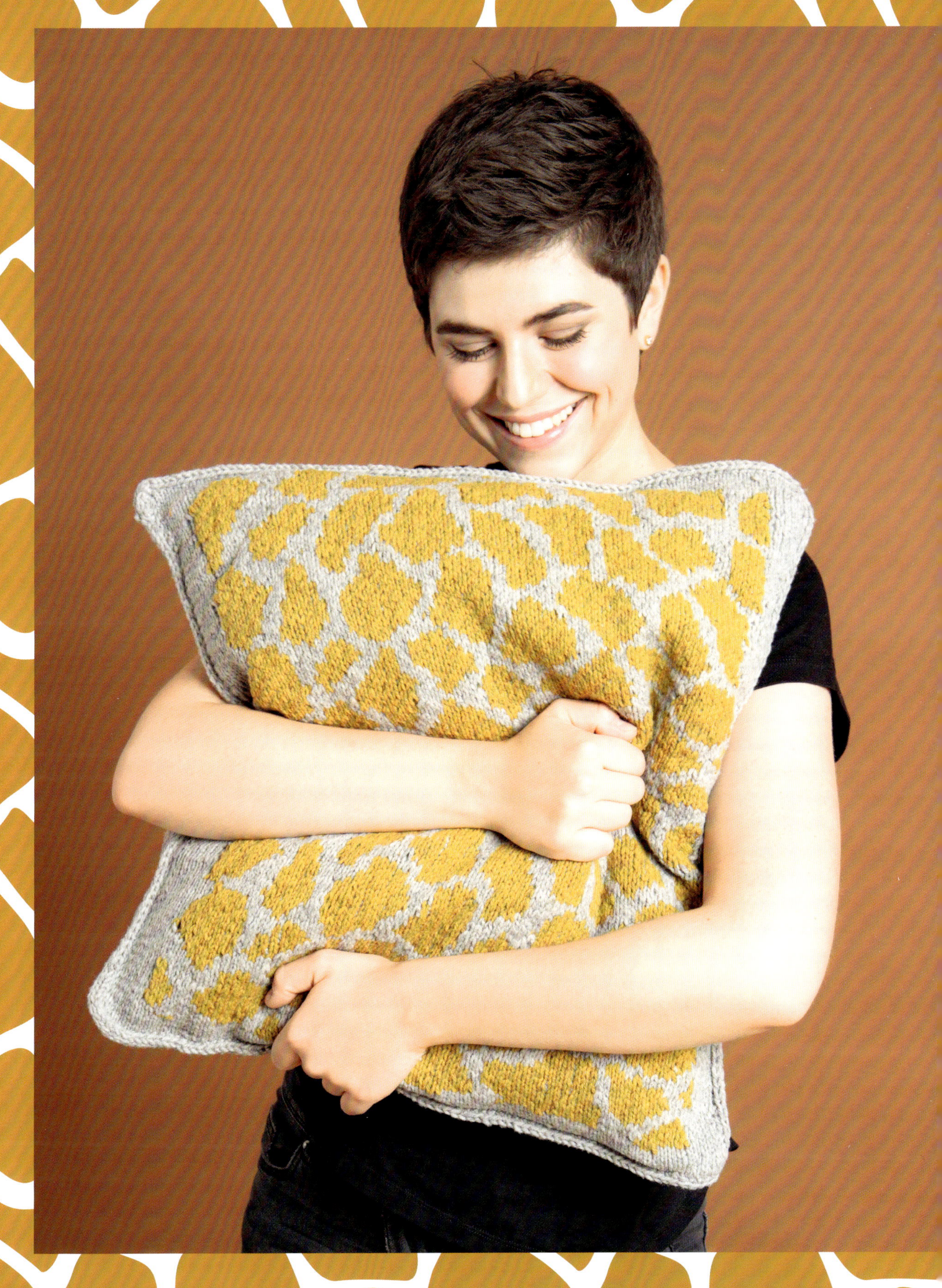

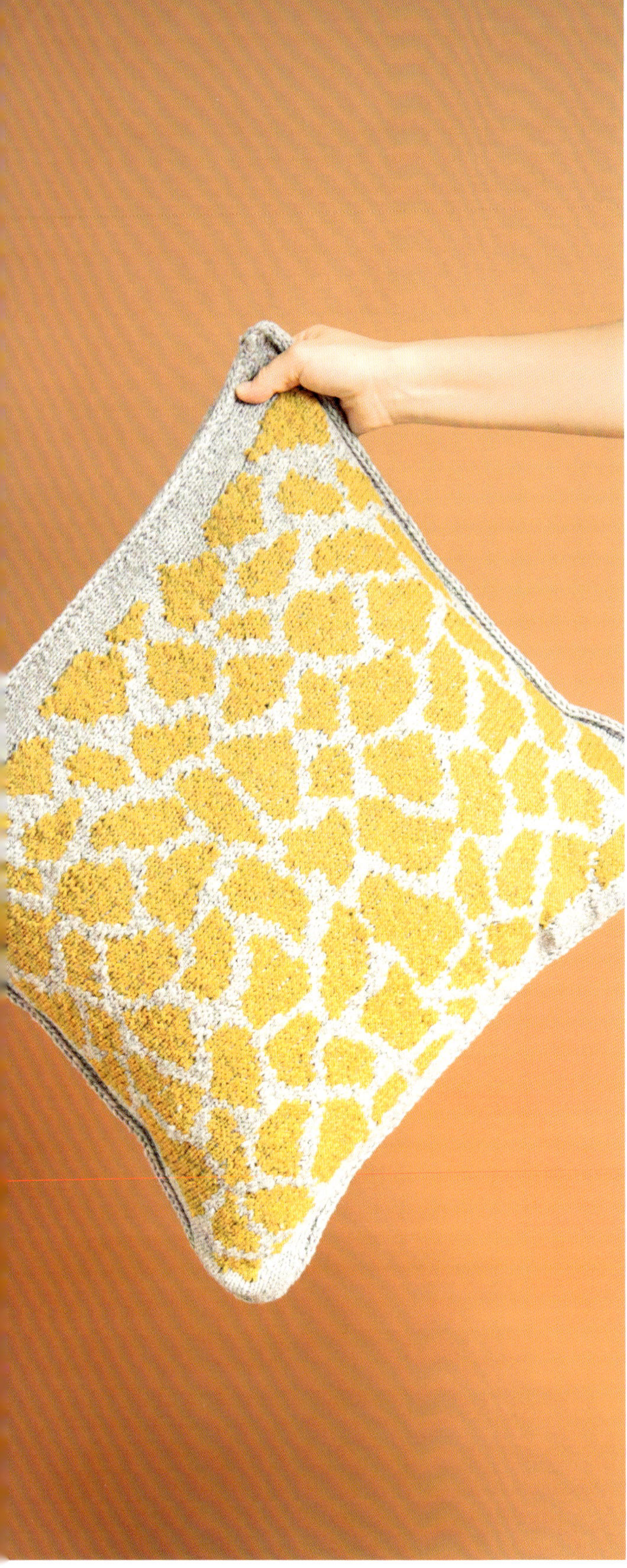

SO GEHT'S

VORDERTEIL

Mit Nd 4,5 mm in Fb A (Goeland) 88 M anschl.
Mit einer Rück-R beginnend 5 R glatt rechts in Fb A str, dabei die RM, wie beschrieben, arbeiten.
Dann das Giraffenmuster zwischen den MM in Fb A und Fb B glatt rechts in Jacquardtechnik gemäß Zählmuster arbeiten, die M vor und nach den MM in Fb A str.
1. R (Hin-R): RM, 5 M rechts str, MM setzen, über 76 M 1x das Zählmuster arbeiten, MM setzen, 5 M rechts str, RM.
2. R. (Rück-R): RM, 5 M links str, MM abh, 76 M gemäß Zählmuster links str, MM abh, 5 M links str, RM.
Die 1. und 2. R stets wdh und dabei die 1.–59. R des Zählmusters 2x str.
Fb B abschneiden und 6 R glatt rechts in Fb A str.
Alle M locker abk.

RÜCKTEIL

Mit Nd 4,5 mm in Fb A (Goeland) 88 M anschl.
Mit einer Rück-R beginnend, 129 R in Fb A (Goeland) glatt rechts str, dabei die RM, wie beschrieben, arbeiten.
Alle M locker abk.
Alle Fd-Enden vernähen.

FERTIGSTELLUNG

Die Strickteile vorsichtig waschen, liegend in Form ziehen und trocknen lassen.

SCHLIESSEN DER NÄHTE MIT I-CORD

Beide gewaschenen und vollständig getrockneten Strickteile links auf links (= mit den Innenseiten) aufeinanderlegen. Nun an der rechten unteren Kante beginnend, Vorder- und Rückteil mit einem I-Cord-Saum verbinden. Bevor die untere Kante geschlossen wird, das Füllkissen einschieben. Die letzten 3 M im Maschenstich mit den Anfangsmaschen verbinden.

LEGENDE

■ = Fb A (Grau)
■ = Fb B (Gelb)

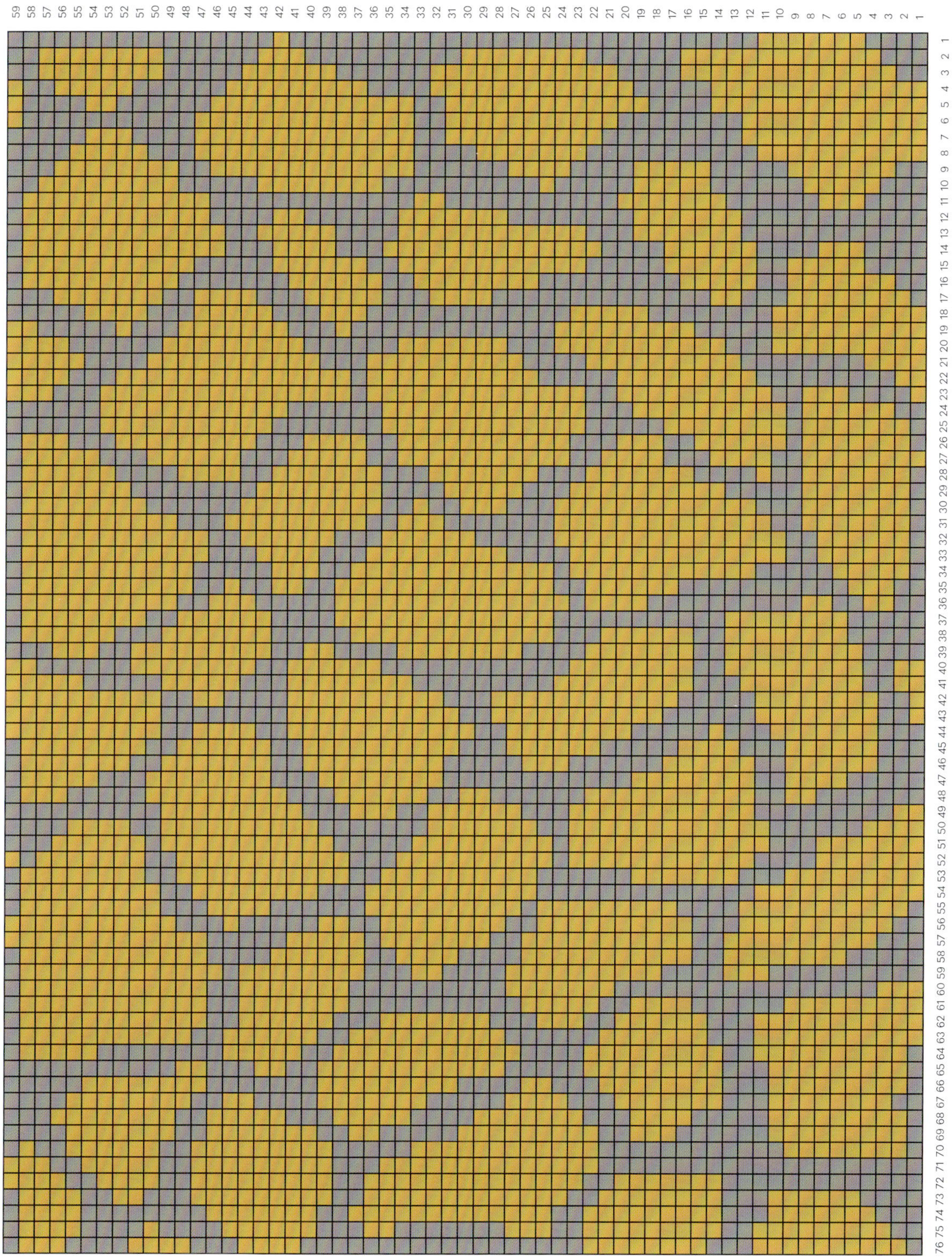

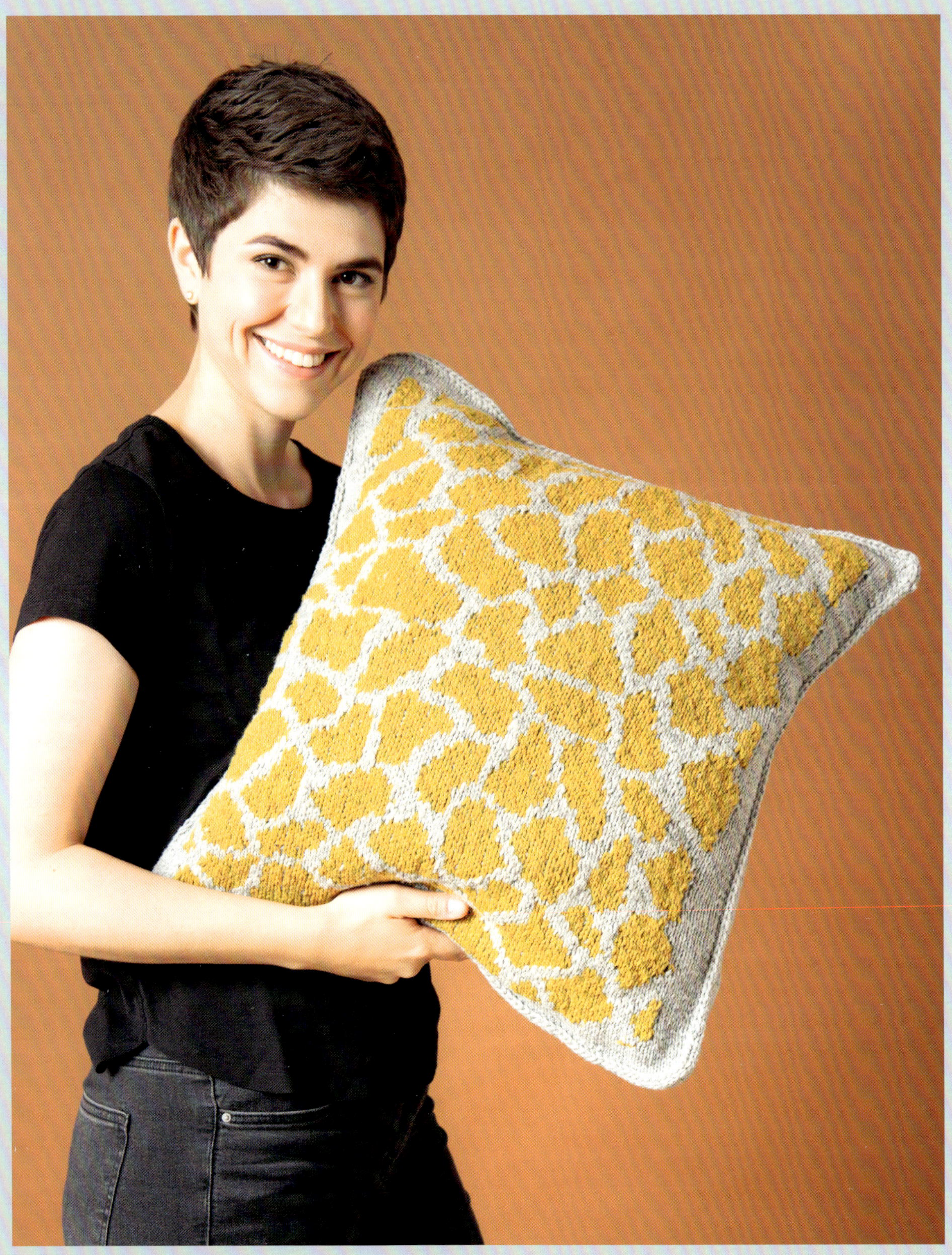

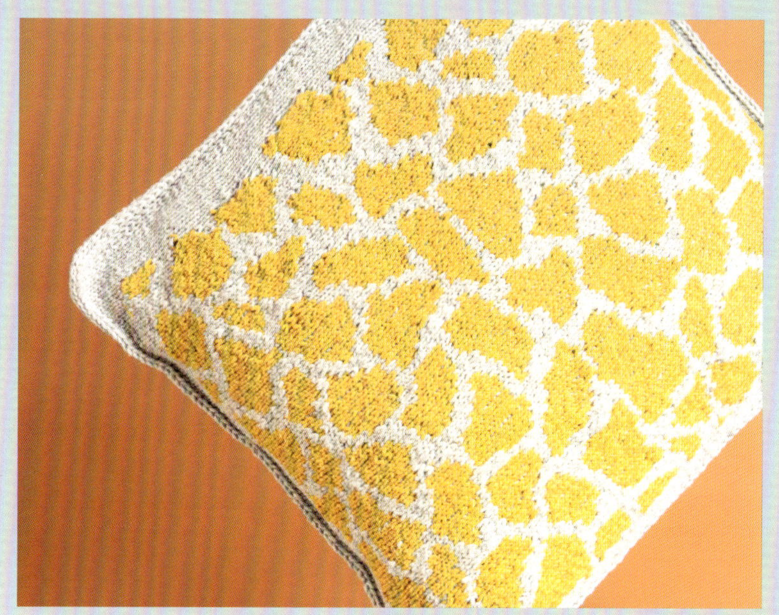

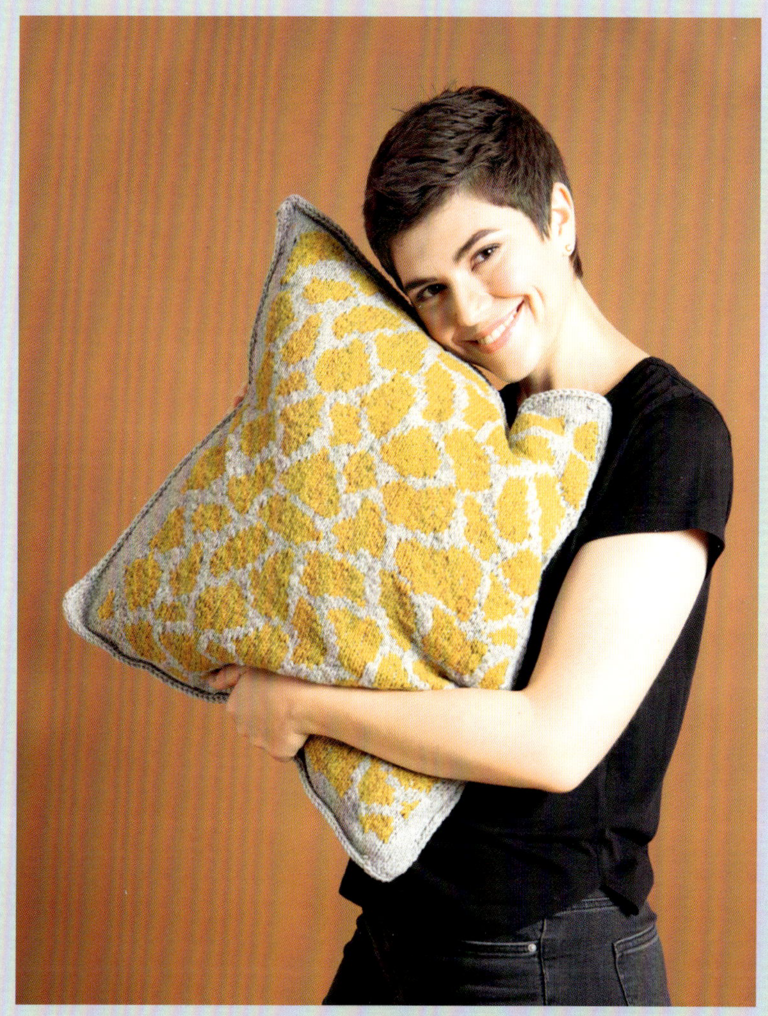

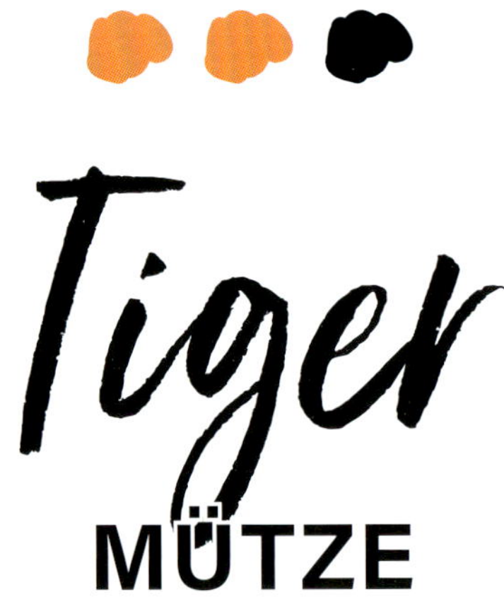

Tiger MÜTZE

GRÖSSE

Kopfumfang 54–57 cm

MATERIAL

- Frida Fuchs Remmidemmi (75 % superwash BFL, 25 % Polyamid, LL 425 m/100 g) in Fb A Safran und Fb B Whisky, je 100 g
- Frida Fuchs Dufte Lace (74 % Baby-Suri-Alpaca, 26 % Mulberry Seide, LL 300 m/50 g) in Fb A Safran und Fb B Whisky, je 100 g
- Rundstricknadel 4,0 mm, 80 cm lang
- Rundstricknadel 3,5 mm, 80 cm lang
- 18 Maschenmarkierer
- Wollnadel

TIPP

Das Garn reicht auch noch für eine Mütze und ein Paar Handschuhe in umgekehrter Farbstellung in Whisky (Fb A) und Safran (Fb B).

STRICKWEISE

Die Mütze wird durchweg mit doppeltem Fd – je 1 Fd beider Garnqualitäten in der jeweiligen Fb – in der Magic Loop-Technik gestrickt und mit einem Bündchen in Fb A (Safran) begonnen. Der Hauptteil im Tigermuster wird glatt rechts in Jacquardtechnik nach dem Zählmuster gearbeitet.

MASCHENPROBE

Mit Nd 4,0 mm zweifädig glatt rechts:
20 M und 32 R = 10 x 10 cm

GRUNDMUSTER

Bündchenmuster: * 1 M rechts, 1 M links str *, von * bis * stets wdh.

Glatt rechts in Rd: Stets rechte M str.

Tigermuster: Das Tigermuster in Fb A (Safran) und Fb B (Whisky) glatt rechts in Jacquardtechnik nach dem Zählmuster str. Über alle 90 M das Zählmuster arbeiten und die 1.–35. Rd stets wdh.

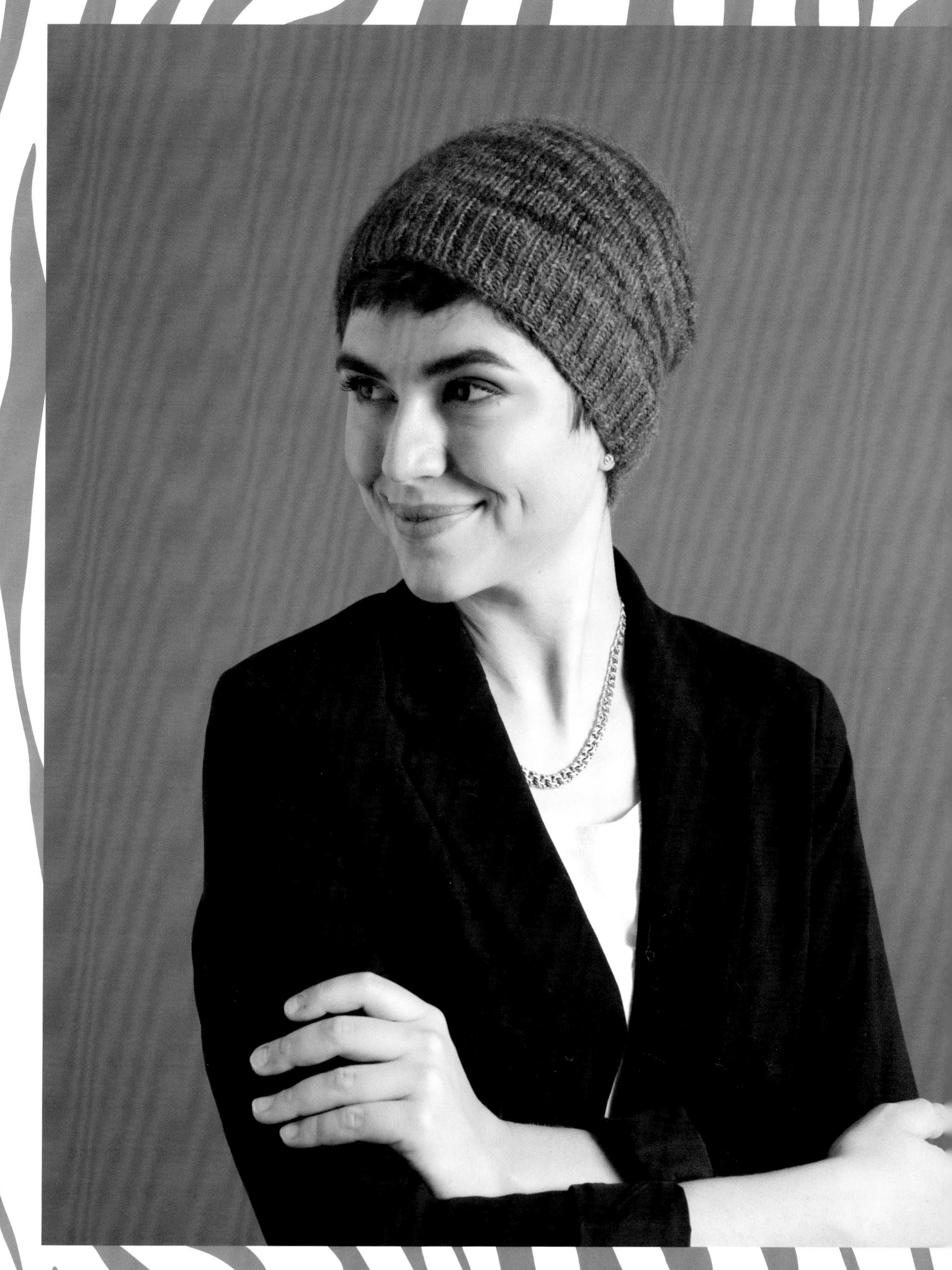

SO GEHT'S

Mit Nd 3,5 mm in Fb A (Safran) 90 M anschl und vorsichtig zur Rd schließen, den Rd-Anfang mit einem MM kennzeichnen. 5 cm im Bündchenmuster str.

Zu Nd 4,0 mm wechseln, 1 Rd rechte M in Fb A (Safran) str.
Dann das Tigermuster in Fb A (Safran) und Fb B (Whisky) glatt rechts in Jacquardtechnik gemäß Zählmuster arbeiten: Über alle M das Zählmuster arbeiten und die 1.–35. Rd stets wdh bis zu einer Höhe von 18–20 cm ab Bündchenende.

SCHLIESSEN DER MÜTZE DURCH ABNAHMEN

Weiter im Tigermuster str und mit den Abnahmen beginnen:
1. Rd: * 2 M rechts zusstr, 3 M rechts str, MM setzen *, von * bis * noch 17x wdh (= -18 M = 72 M).
2. Rd: * 2 M rechts zusstr, 2 M rechts str, MM abh *, von * bis * noch 17x wdh (= -18 M = 54 M).
3. Rd: * 2 M rechts zusstr, 1 M rechts str, MM abh *, von * bis * noch 17x wdh (= -18 M = 36 M).
4. Rd: 18x 2 M rechts zusstr, alle MM entfernen (= -18 M = 18 M).
5. Rd: In Fb A 9x 2 M rechts zusstr (= -9 M = 9 M).
Den Fd lang abschneiden; das Fd-Ende durch die verbliebenen M führen und fest anziehen.

FERTIGSTELLUNG

Alle Fd-Enden vernähen. Die Mütze vorsichtig waschen und über einem aufgeblasenen Luftballon trocknen lassen: So erhält sie gleich ihre runde Form.

ZÄHLMUSTER

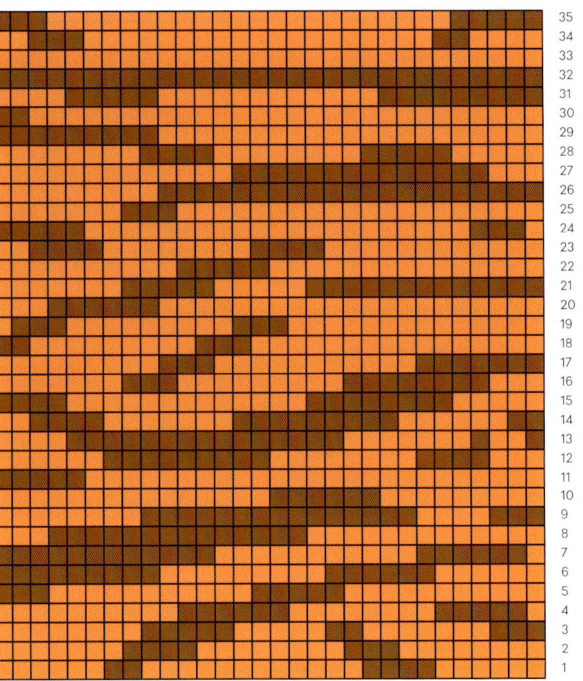

LEGENDE

= Fb A (Orange)
= Fb B (Braun)

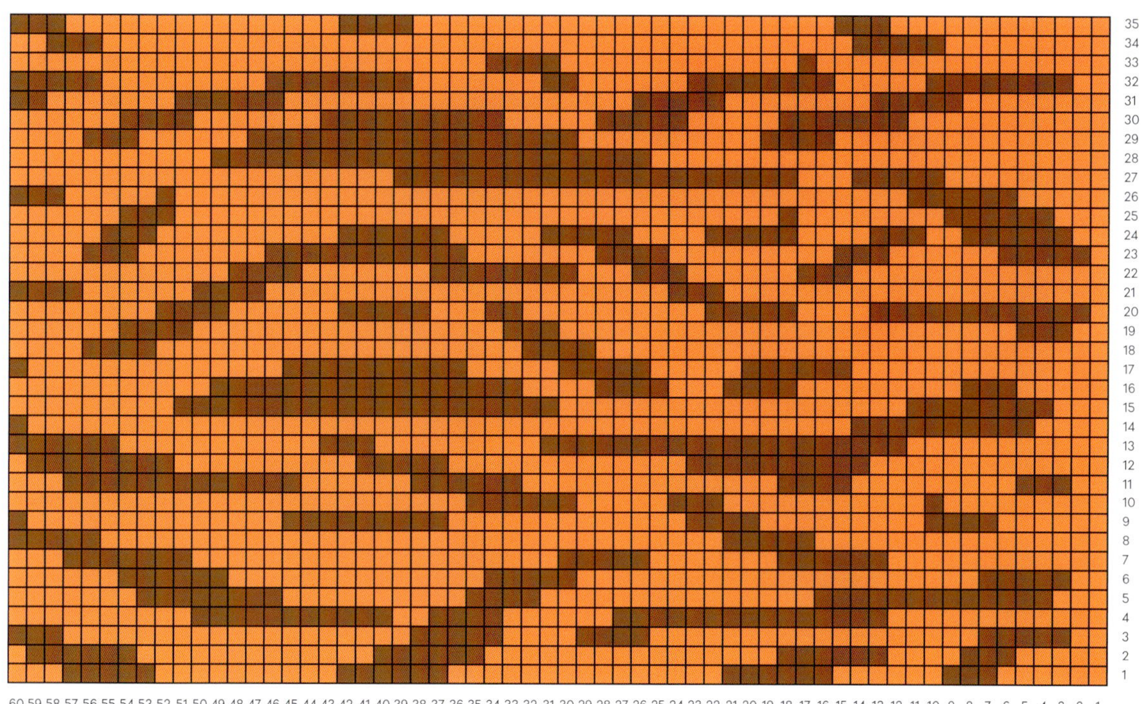

← weiter

Hier anfangen ↑

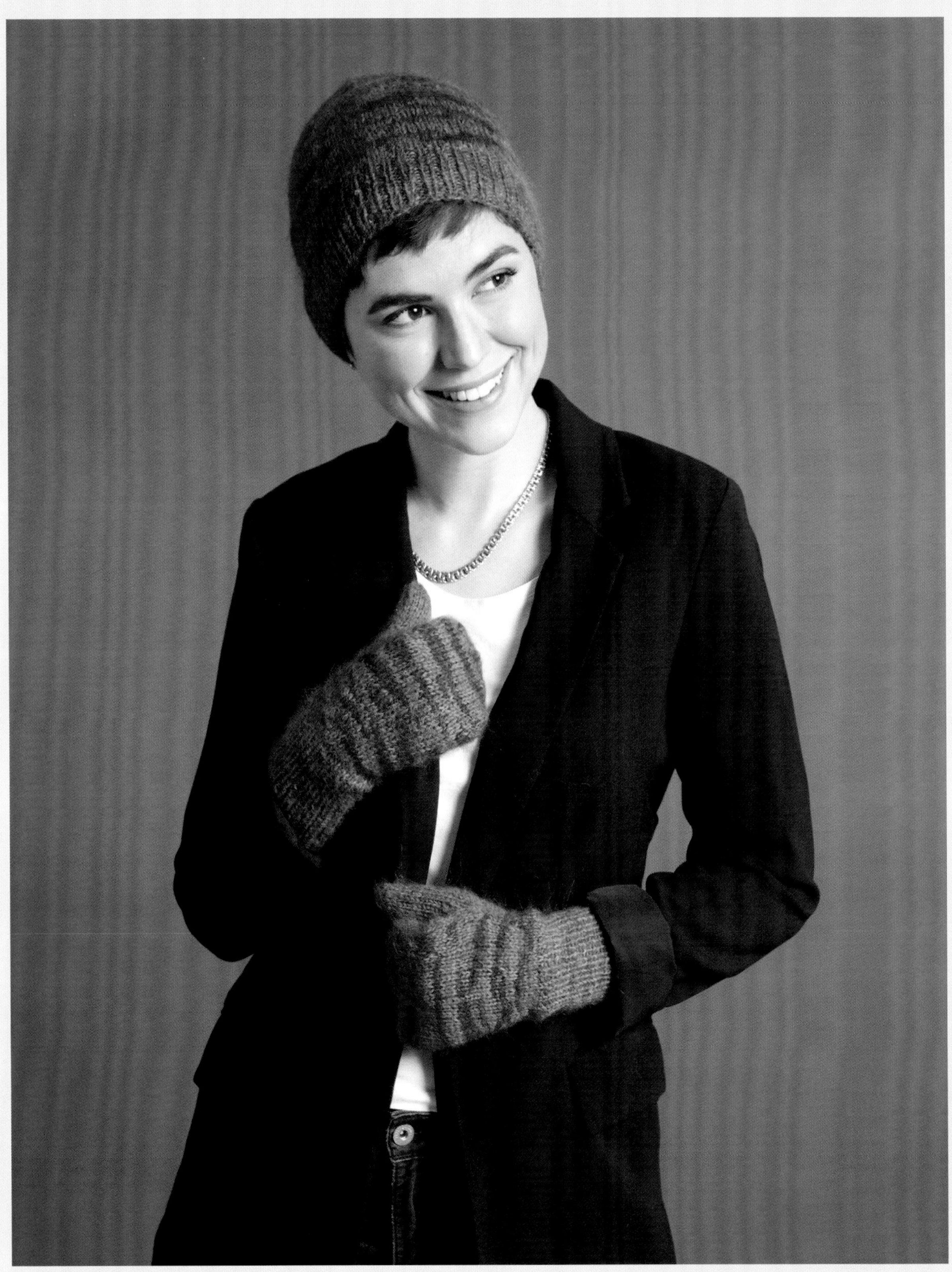

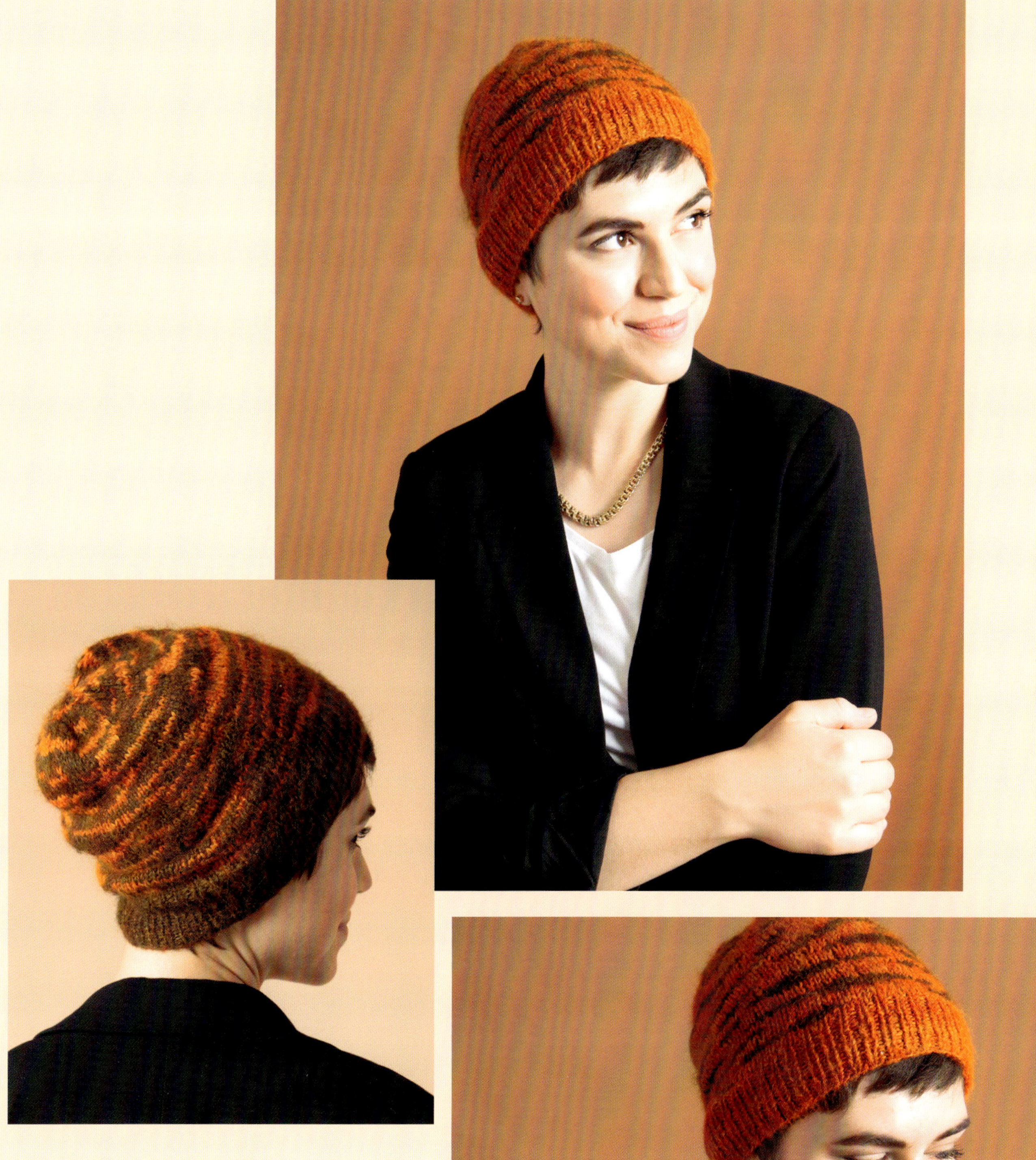

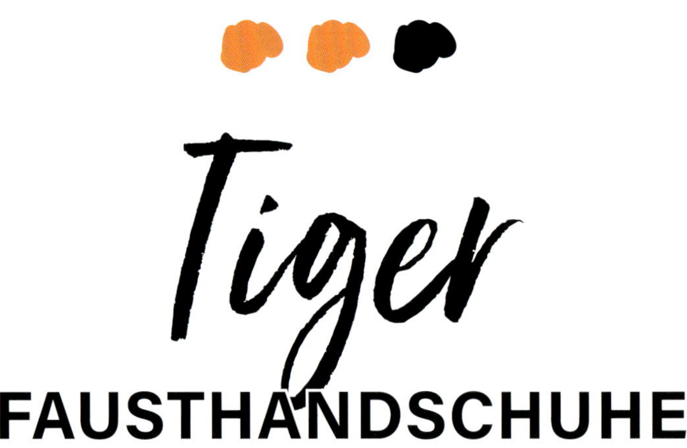

Tiger FAUSTHANDSCHUHE

GRÖSSE

5 (6/7/8/9/10) für 16 (17/19/21,5/24/27) cm Handumfang

MATERIAL

- Frida Fuchs Remmidemmi (75 % superwash BFL, 25 % Polyamid, LL 425 m/100 g) in Fb A Safran und Fb B Whisky, je 100 g
- Frida Fuchs Dufte Lace (74 % Baby-Suri-Alpaka, 26 % Mulberry Seide, LL 300 m/50 g) in Fb A Safran, 50 g, und Fb B Whisky, 100 g
- Nadelspiel oder Rundstricknadel 4,0 mm, 80 cm lang (Magic Loop) oder 30 cm lang
- 4 Maschenmarkierer
- Wollnadel
- Hilfsfaden in anderer Farbe

STRICKWEISE

Die Handschuhe werden mit einem Bündchen in Fb A (Safran) begonnen. Der Hauptteil im Tigermuster wird glatt rechts in Jacquardtechnik nach dem Zählmuster gearbeitet, wobei die Handflächen einfarbig gestrickt werden.

TIPP

Die Fausthandschuhe passen perfekt zur Mütze im gleichen Design (siehe Seite 96).

MASCHENPROBE

Mit Nd 4,0 mm zweifädig glatt rechts:
20 M und 32 R = 10 x 10 cm

GRUNDMUSTER

Bündchenmuster: * 1 M rechts, 1 M links str *, von * bis * stets wdh.
Glatt rechts in Rd: Stets rechte M str.
Tigermuster: Das Tigermuster in Fb A (Safran) und Fb B (Whisky) glatt rechts in Jaquardtechnik gemäß dem Zählmuster str. Das Zählmuster über alle M arbeiten und die 1.–35. Rd str bzw. wdh.

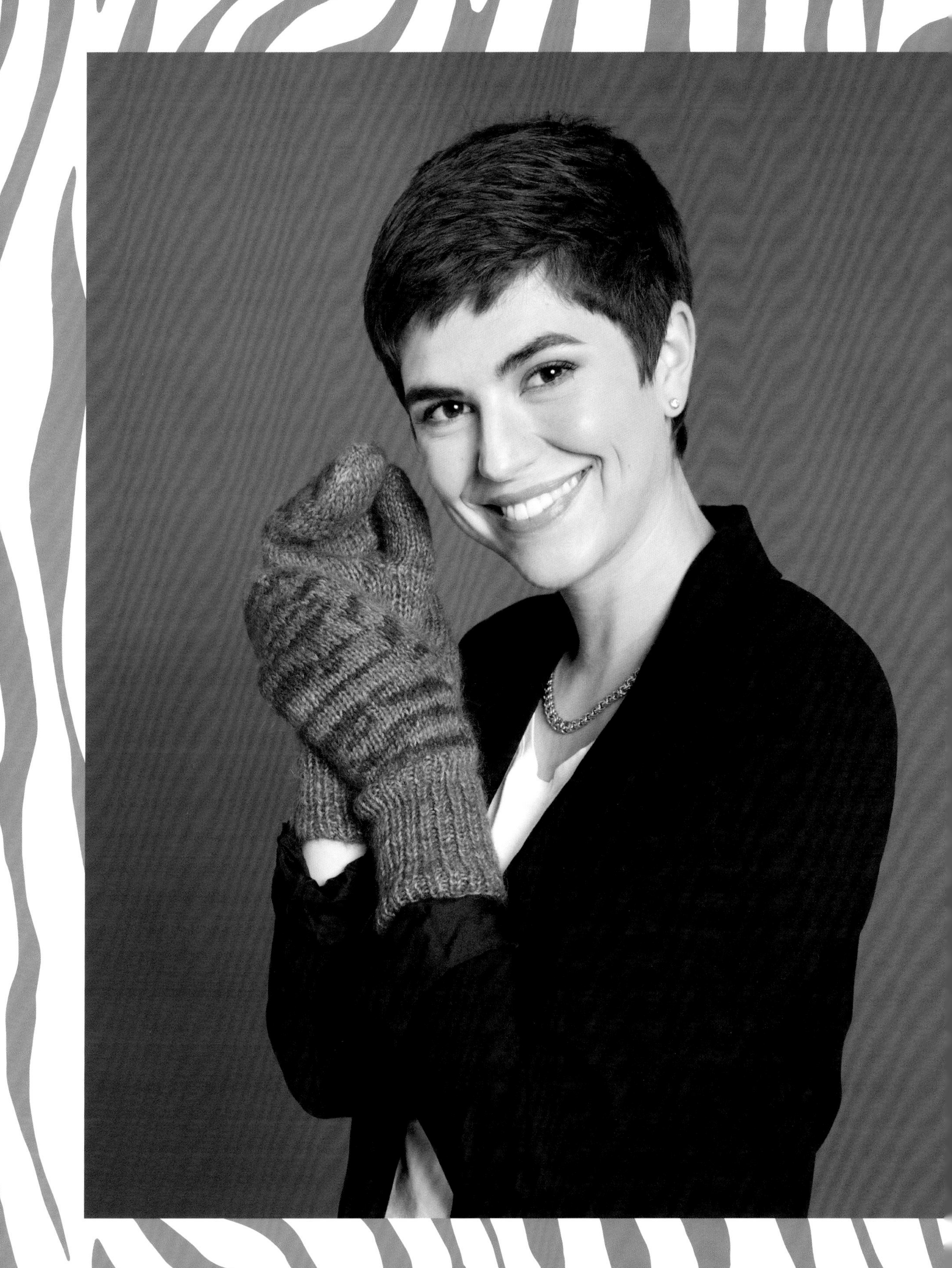

SO GEHT'S

Mit Nd 4,0 mm in Fb A (Safran) 32 (36/36/40/48/52) M anschl und vorsichtig zur Rd schließen, den Rd-Anfang mit einem MM kennzeichnen oder die M auf ein Nd-Spiel verteilen. Dann liegen 8 (9/9/10/12/13) M auf jeder Nd.
10 cm im Bündchenmuster str.

1 Rd rechte M in Fb A (Safran) str.
Dann das Tigermuster in Fb A (Safran) und B (Whisky) glatt rechts in Jaquardtechnik gemäß dem Zählmuster arbeiten: Über 16 (18/18/20/24/26) M das Zählmuster arbeiten und die 1.–35. Rd str (bzw. wdh) (beide Handschuhe gleich).
1. Rd: Über 16 (18/18/20/24/26) M das Zählmuster arbeiten, MM1 setzen, 16 (18/18/20/24/26) M in Fb A glatt rechts str, Rd-MM abh.
Diese Rd wdh, bis 5 (5,5/5,5/6/6,5/7) cm erreicht werden.

DAUMENVORBEREITUNG

RECHTE HAND

Über 16 (18/18/20/24/26) M das Zählmuster arbeiten, 2 M rechts str, 5 (6/6/7/8/9) M mit einem andersfarbigen Hilfs-Fd rechts str. Danach diese 5 (6/6/7/8/9) M zurück auf die linke Nd legen und mit dem Arbeits-Fd erneut rechts str, die Rd mustergemäß beenden.
Weiter mit Hand.

LINKE HAND

Über 16 (18/18/20/24/26) M das Zählmuster arbeiten, 9 (10/10/11/14/15) M rechts str, 5 (6/6/7/8/9) M mit einem andersfarbigen Hilfs-Fd rechts str. Danach diese 5 (6/6/7/8/9) M zurück auf die linke Nd legen und mit dem Arbeits-Fd erneut rechts str. Die verbliebenen 2 M rechts str.
Weiter mit Hand.

HAND

1. Rd: Über 16 (18/18/20/24/26) M das Zählmuster glatt rechts in Jacquardtechnik arbeiten, 16 (18/18/20/24/26) M in Fb A glatt rechts str, MM abh. Diese Rd bis zu einer Höhe von 12 (13/14/14,5/15/15,5) cm stets wdh.

BANDSPITZE (ABNAHMEN)

Während der Abn für die Bandspitze das Tigermuster auf dem Handrücken fortsetzen und die Handinnenfläche weiter einfarbig str.

ABNAHMEN IN JEDER 3. RUNDE

1. Rd: * 1 M rechts str, 2 M rechts zusstr, im Tigermuster str bis 3 M vor MM, 2 M rechts abgehoben zusstr, 1 M rechts str *, von * bis * noch 1x wdh (= - 4 M).
2.–3. Rd: Alle M rechts str.
Die 1.–3. Rd 0x (0x/0x/0x/1x/1x) wdh.
Es sind jetzt 28 (32/32/36/40/44) M auf der Nd.

ABNAHMEN IN JEDER 2. RUNDE

1. Rd: * 1 M rechts str, 2 M rechts zusstr, im Tigermuster str bis 3 M vor MM, 2 M rechts abgehoben zusstr, 1 M rechts str *, von * bis * noch 1x wdh (= - 4 M).
2. Rd: Alle M rechts str.
Die 1.–2. Rd 1x (1x/1x/1x/2x/2x) wdh.
Es sind jetzt 20 (24/24/28/28/30) M auf der Nd.

ABNAHMEWN IN JEDER RUNDE

1. Rd: * 1 M rechts str, 2 M rechts zusstr, im Tigermuster str bis 3 M vor MM, 2 M rechts abgehoben zusstr, 1 M rechts str *, von * bis * noch 1 x wdh (= - 4 M).
Die 1. Rd wdh, bis 8 M übrig sind. Den Fd abschneiden. Das Fd-Ende mit einer Woll-Nd durch die verbliebenen 8 M fädeln und zusammenziehen.

DAUMEN (IN FB A)

Den kontrastfarbenen Hilfs-Fd aus der Arbeit lösen und die offenen M auf 2 Nd eines Nd-Spiels auffassen. Die M der 1. Nd rechts str. Aus dem Übergang zwischen den beiden Nd 1 M herausstr. Die M der 2. Nd rechts str und aus dem Übergang zwischen den beiden Nd 2 M herausstr.

Es sind jetzt 12 (14/14/16/18/20) M auf den Nd. Diese M gleichmäßig auf 3 Nd eines Nd-Spiels verteilen und den Rd-Beginn mit einem MM kennzeichnen. 3,5 (4/4,5/5/5,5/6) cm glatt rechts in Rd arbeiten. Danach für den Daumenabschluss M abn wie folgt: In jeder Rd die ersten 2 M jeder der 3 Nd rechts zusstr, bis sich noch insgesamt 6 M auf den Nd befinden (ggf. weitere Abn str). Den Fd abschneiden. Das Fd-Ende mit einer Woll-Nd durch die verbliebenen 6 M fädeln und zusammenziehen.

FERTIGSTELLUNG

Fd-Enden vernähen. Die Fäden des Anschlags außen vernähen, da das Bündchen umgeschlagen wird. Die Fausthandschuhe vorsichtig waschen, in Form streichen und liegend trocknen lassen.

ZÄHLMUSTER

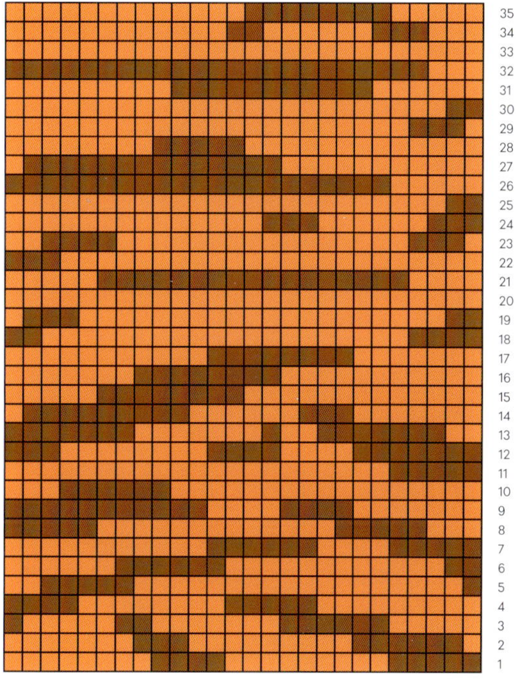

LEGENDE

= Fb A (Safran)

= Fb B (Whisky)

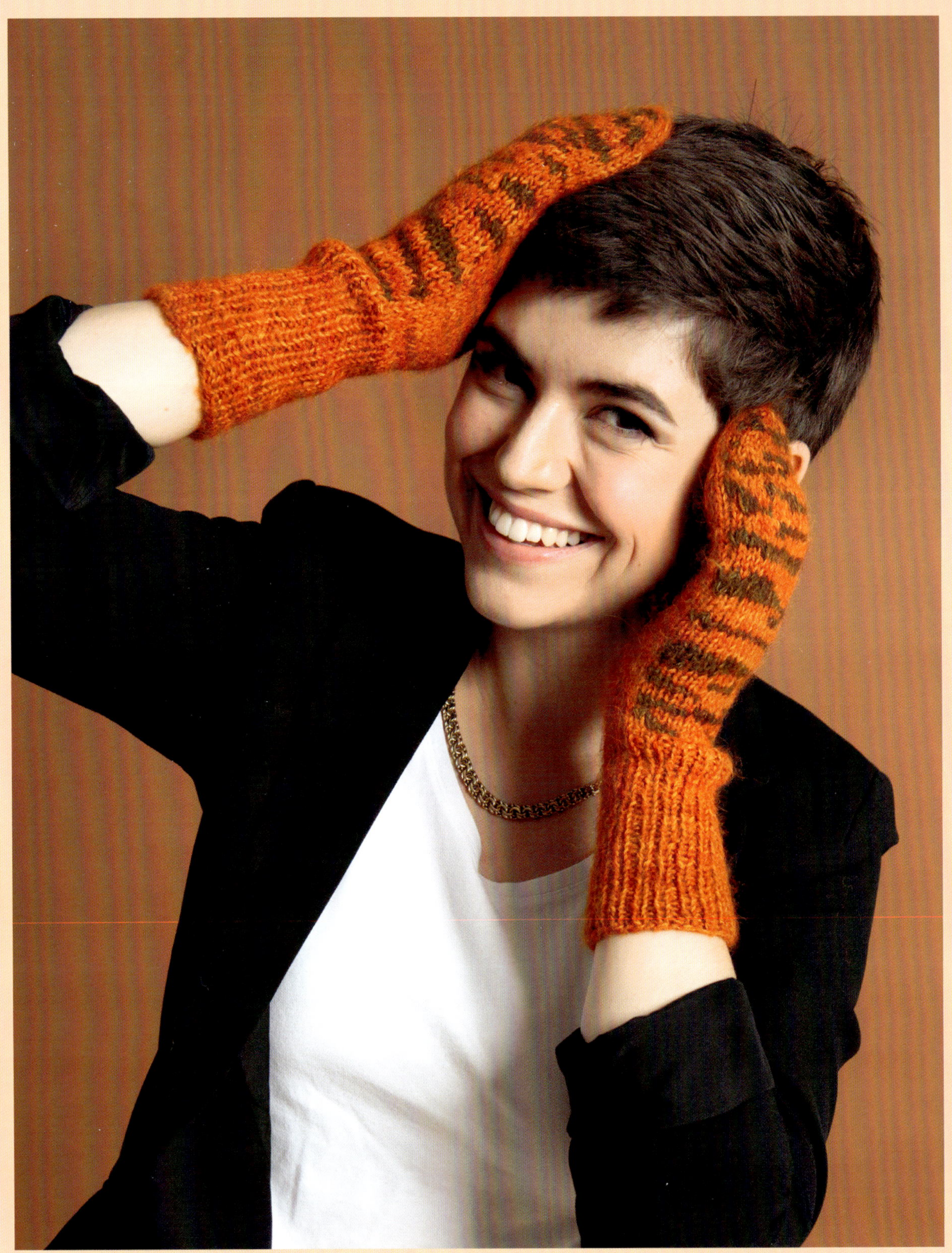

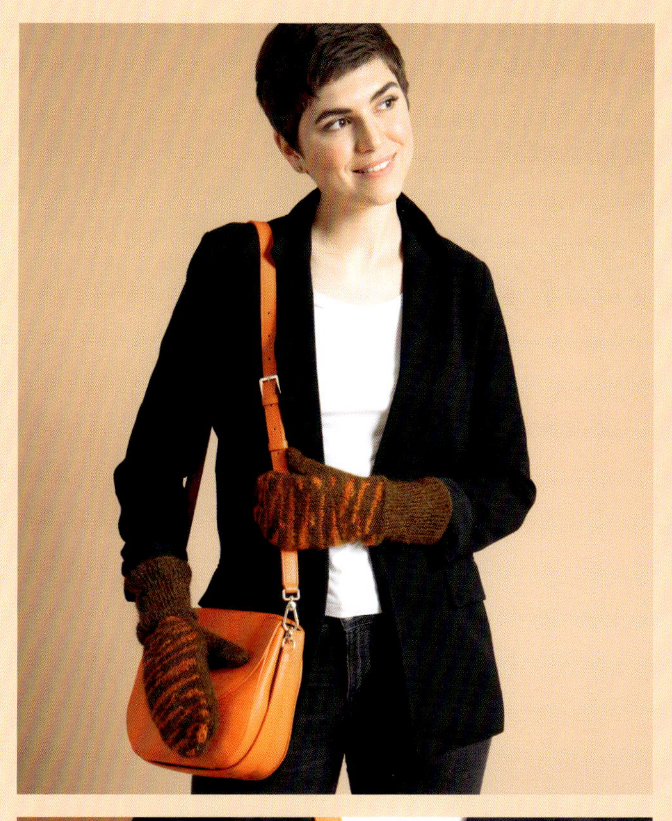
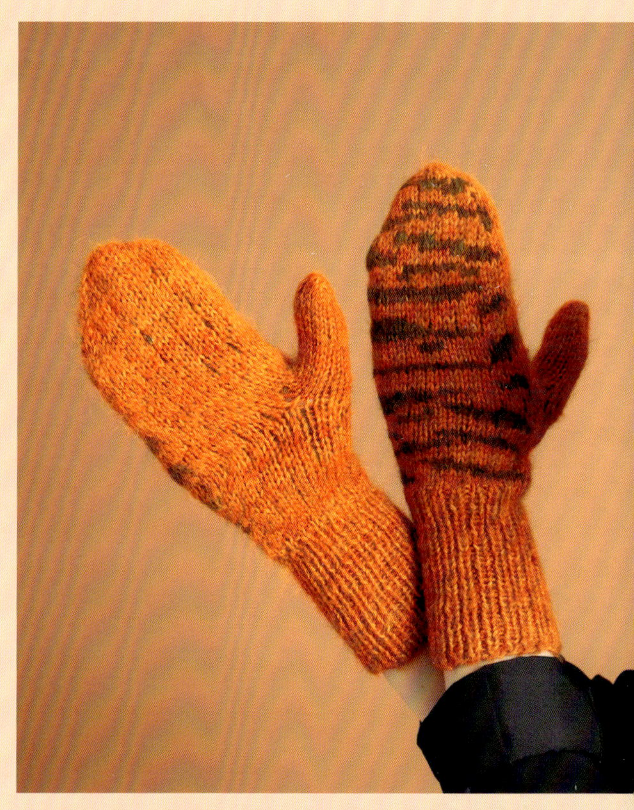
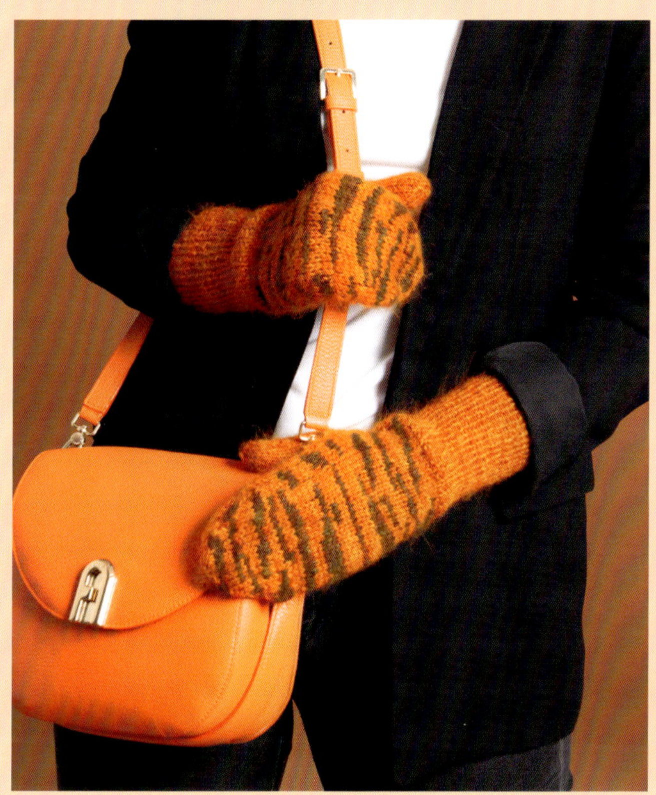
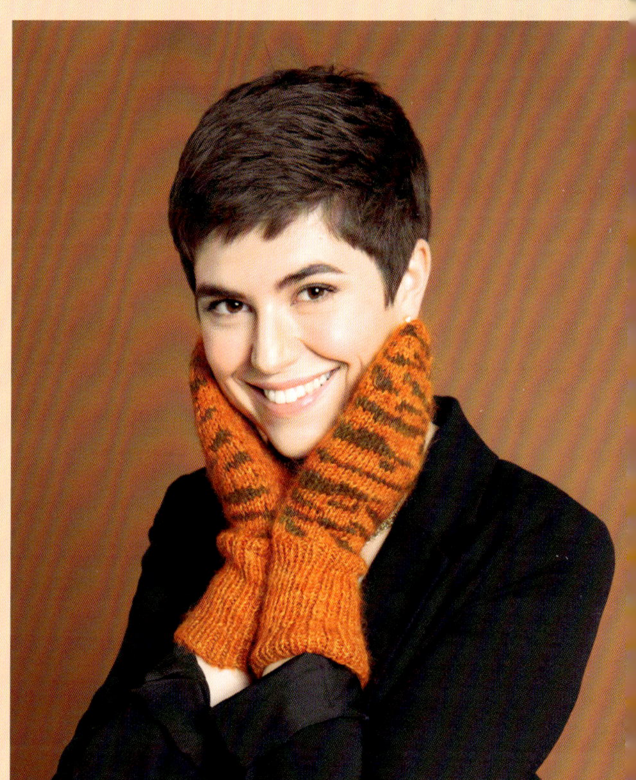

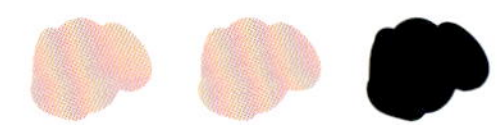

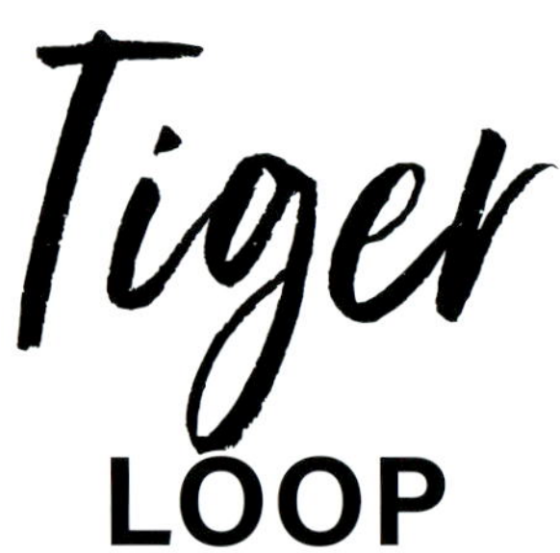

Tiger LOOP

GRÖSSE

60 cm Umfang
30 cm Höhe

MATERIAL

- Ito Yomo (100 % Wolle, LL 100 m/100 g) in Navy (Fb 484) und Azalea (Fb 481), je 100 g
- Ito Sensai (60 % Mohair, 40 % Seide, LL 240 m/20 g) in Orient Blue (Fb 341) und Azalea (Fb 481), je 20 g
- Rundstricknadel 8,0 mm, 80 cm lang
- 1 Maschenmarkierer
- Wollnadel

STRICKWEISE

Der Loop wird durchweg doppelfädig – mit je 1 Fd Yomo und Sensai zusammen – gearbeitet und mit einem Bündchen in Fb A (Navy/Orient Blue) begonnen. Der Hauptteil wird im Tigermuster in Fb A (Navy/Orient Blue) und Fb B (je 1 Fd von Yomo und Sensai in Azalea) glatt rechts in Jacquardtechnik nach dem Zählmuster gearbeitet. Mit einem Bündchen in Fb A wird der Loop abgeschlossen.

MASCHENPROBE

Mit Nd 8,0 mm doppelfädig (Yomo + Sensai) in Fb B glatt rechts oder im Jacquardmuster:
12 M und 20 R = 10 x 10 cm

GRUNDMUSTER

Bündchenmuster:
Rd 1: * 1 M rechts, 1 M links abh (FH) *, von * bis * stets wdh.
Rd 2: * 1 M rechts, 1 M links str *, von * bis * stets wdh.
Glatt rechts in Rd: Stets rechte M str.
Tigermuster: Das Tigermuster in Fb A (Navy/Orient Blue) und Fb B (Azalea) glatt rechts in Jacquardtechnik nach dem Zählmuster str. Über alle 76 M das Zählmuster 1x arbeiten und die 1.–28. Rd 1x str.

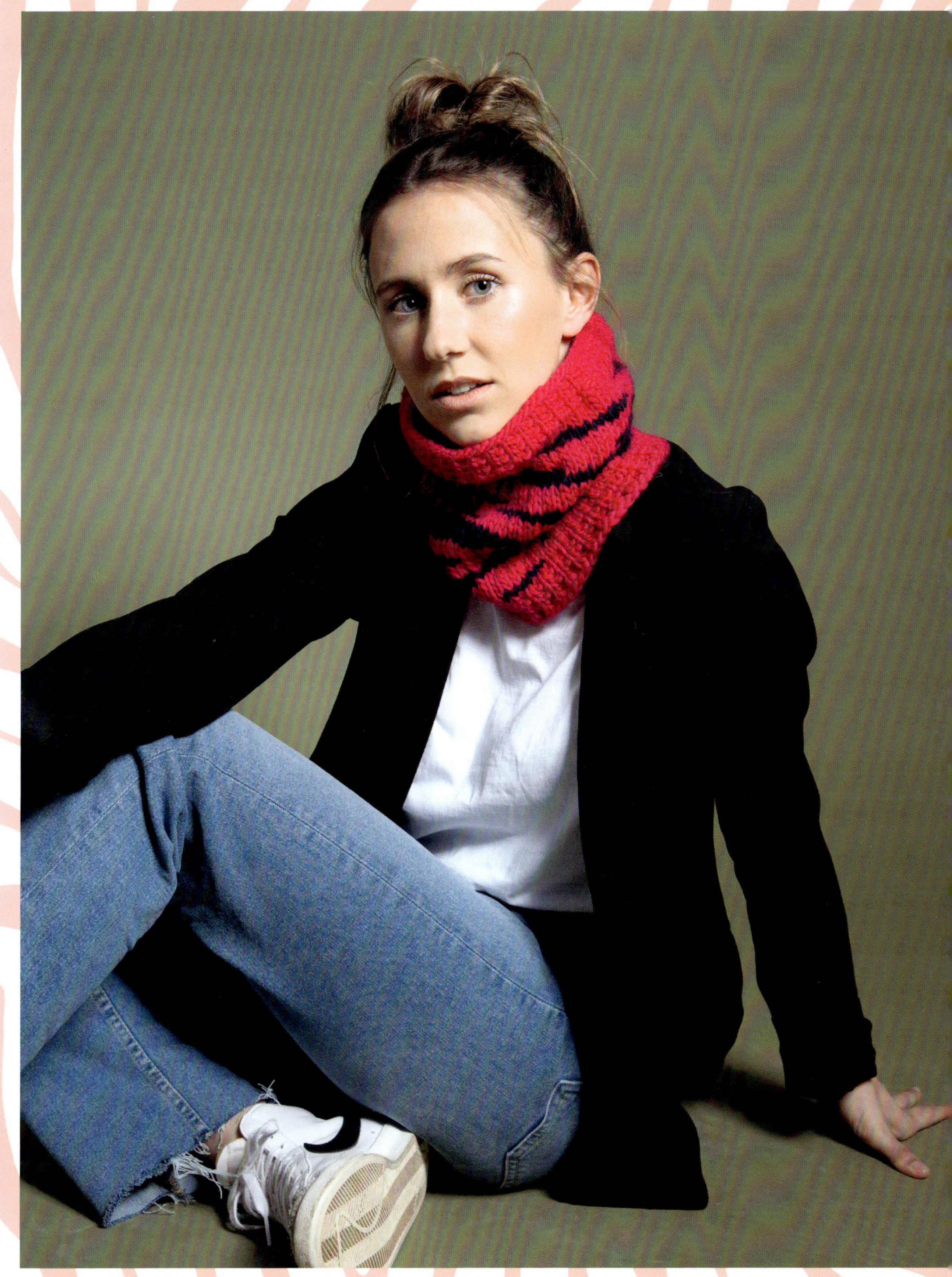

SO GEHT'S

Mit Nd 8,0 mm zweifädig in Fb A (Navy/Orient Blue) 76 M anschl und vorsichtig zur Rd schließen, den Rd-Anfang mit einem MM kennzeichnen. 3 cm im Bündchenmuster str.

1 Rd rechte M in Fb A str.
Dann das Tigermuster in Fb A und Fb B glatt rechts in Jacquardtechnik gemäß Zählmuster arbeiten: Über alle M 1x das Zählmuster arbeiten und die 1.–28. Rd 1x str.
1 Rd rechte M in Fb A str.
Mit Fb A (Navy/Orient Blue) 3 cm im Bündchenmuster str.
Alle M locker abk.

FERTIGSTELLUNG

Fd-Enden vernähen. Den Loop vorsichtig waschen, ausgebreitet in Form ziehen und liegend trocknen lassen.

LEGENDE

■ = Fb A (Navy/Orient Blue)
■ = Fb B (Azalea)

ZÄHLMUSTER

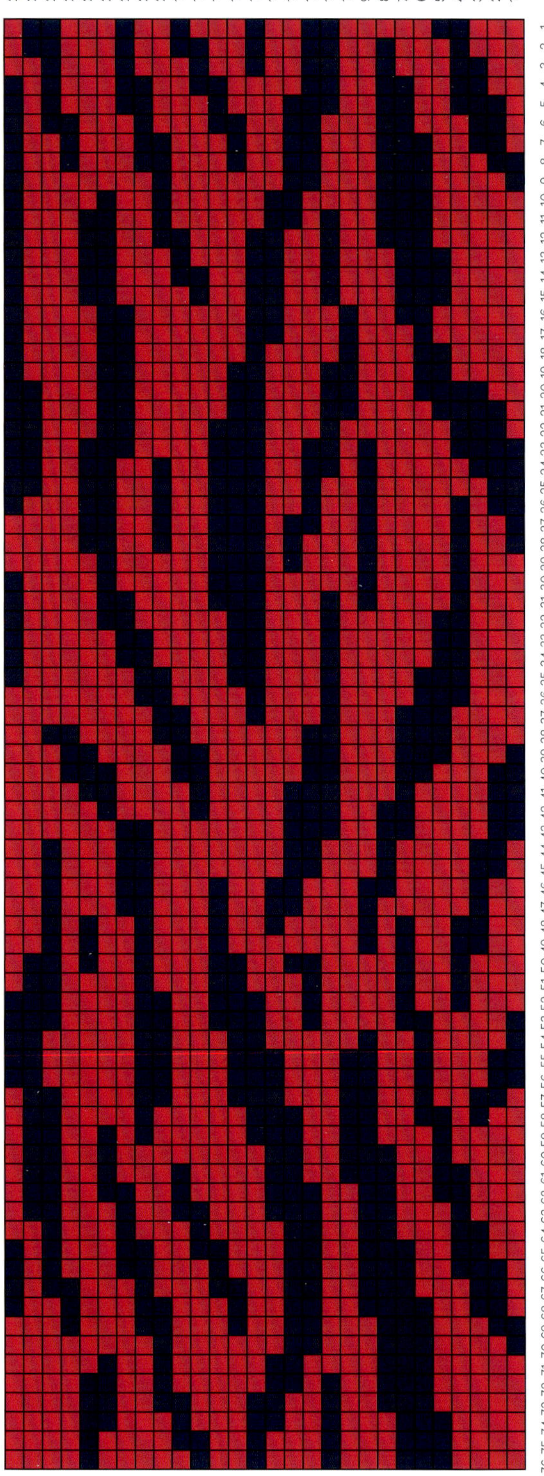

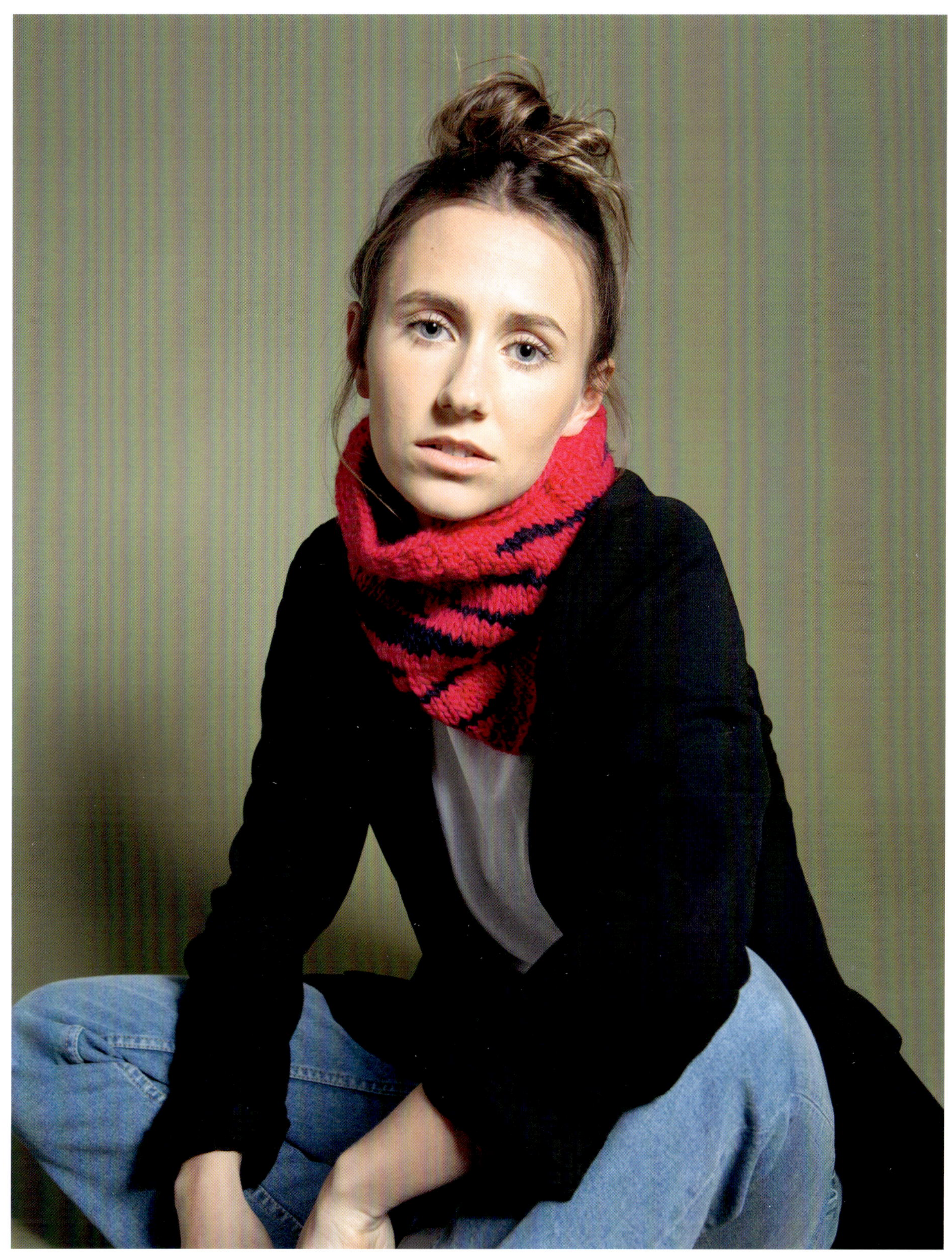

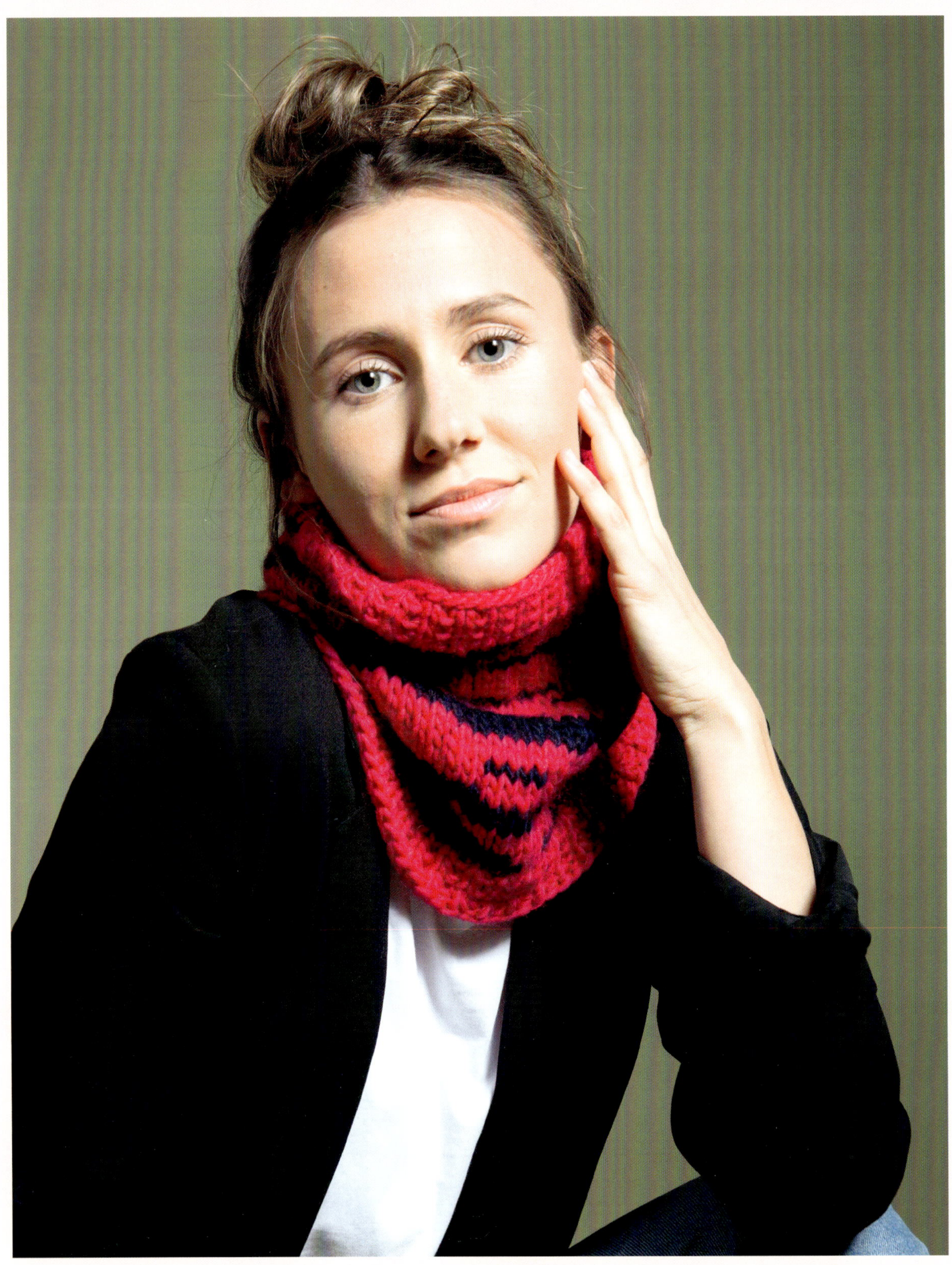

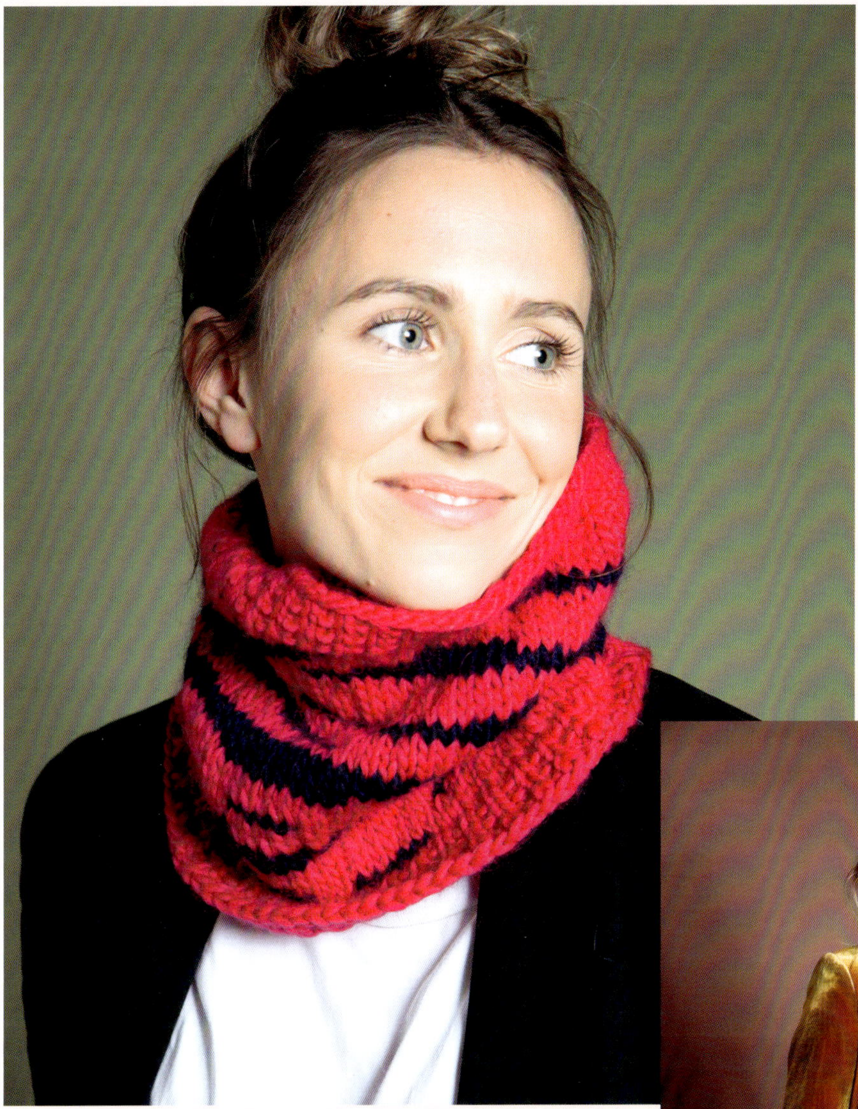

Alternativ kann der Loop in umgekehrter Farbstellung gestrickt werden.

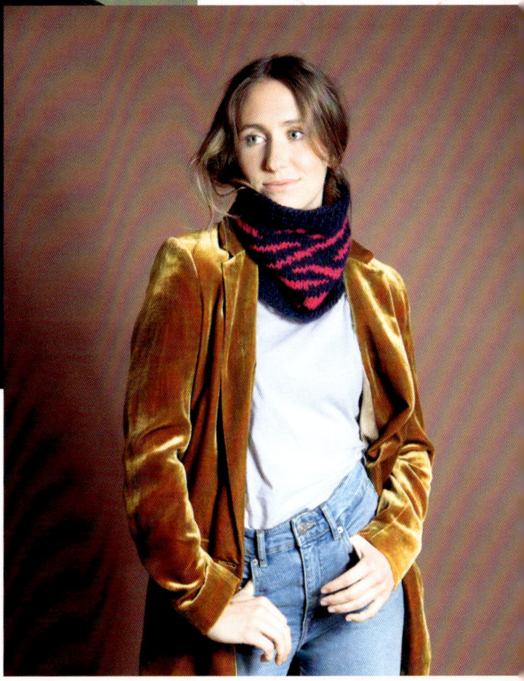

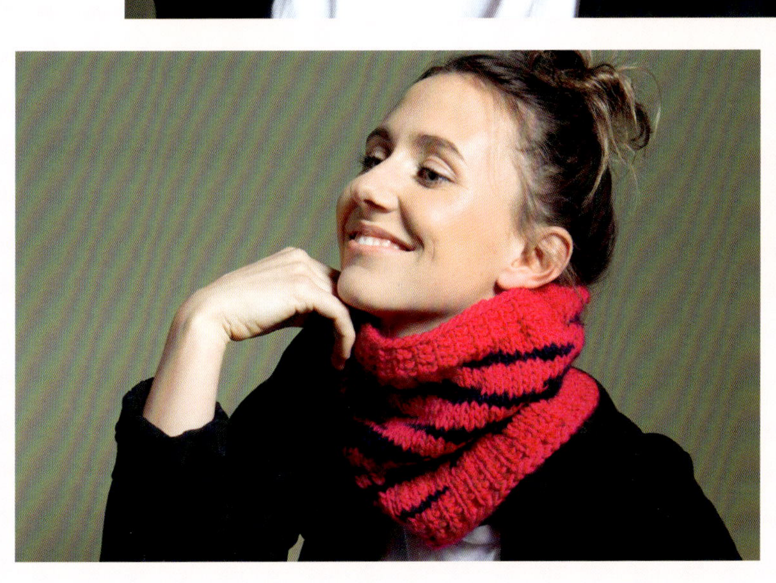

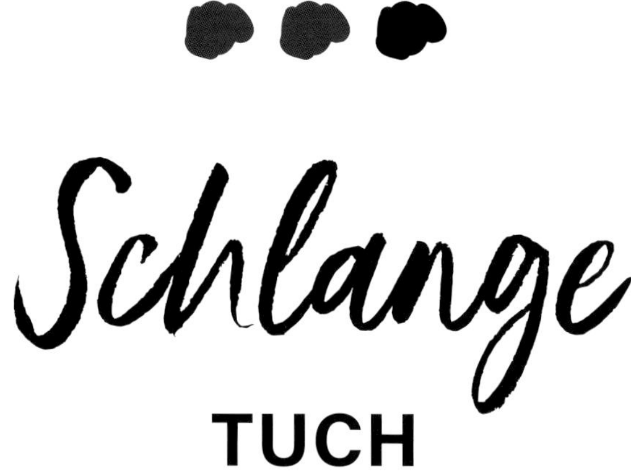

Schlange
TUCH

GRÖSSE
2,15 m lang und 65 cm hoch

MATERIAL
- Ito Shimo (80 % Wolle, 20 % Seide, LL 266 m/50 g) in Fb A Logwood (Fb 842), 100 g, Fb B Enji (Fb 852), 50 g, und Fb C Sangria (Fb 851), 50 g
- Farbalternative: Fb A Orient Blue (Fb 853), Fb B Salvia Blue (Fb 844) und Fb C White (Fb 848).
- Rundstricknadel 4,0 mm, 80–100 cm lang
- Wollnadel

STRICKWEISE
Das symmetrische Dreieckstuch wird durch Zunahmen und Abnahmen an einer Seite geformt. Die andere Seite ziert ein Schlangenmuster in drei Farben.

MASCHENPROBE
Mit Nd 4,0 mm und Fb A glatt rechts (gewaschen und gespannt):
19 M und 27 R = 10 x 10 cm

RANDMASCHEN
In Hin- und Rück-R die 1. M immer rechts verschr str und die letzte M immer links abh (FV).

GRUNDMUSTER
Glatt rechts in R: in Hin-R rechte M, in Rück-R linke M str.
Schlangenmuster: Das Schlangenmuster in Fb A (Logwood), Fb B (Enji) und Fb C (Sangria) glatt rechts in Jacquardtechnik nach dem Zählmuster str. Über 21 M das Zählmuster 1x arbeiten und die 41.–70. R 14x str.

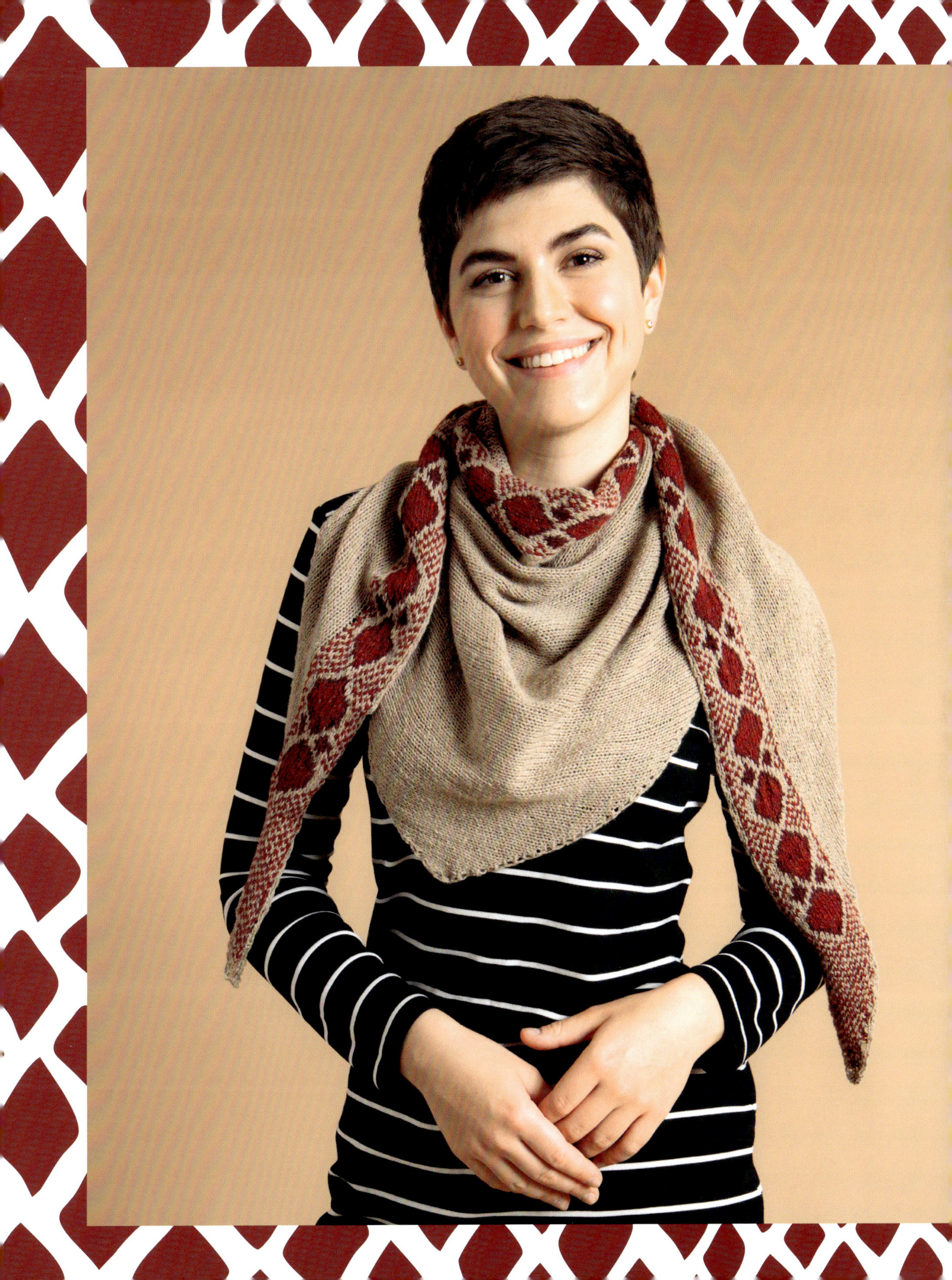

SO GEHT'S

Mit Nd 4,0 mm und Fb A 3 M anschl.
Nächste (Rück-R): Alle M links str.

HINWEIS

Die 1. M im Zählmuster ist immer die RM.

ZUNAHMETEIL

1. R (Hin-R): RM, rechte M nach Zählmuster str bis 2 M vor R-Ende, 1 M verdoppeln, RM (= + 1 M).
2. R (Rück-R): RM, linke M nach Zählmuster str bis 1 M vor R-Ende, RM.
Die 1. und 2. R stets wdh, dabei die 1.–40. R des Zählmusters 1x arbeiten und anschließend die 41.–70. R für das Schlangenmuster 7x arbeiten.
Damit ist die Mitte des Dreieckstuchs erreicht.

ABNAHMETEIL

Nun in der gegebenen Einteilung weiterstr, mit der 41. R des Zählmusters beginnen und am Ende jeder Hinr 1 M abn wie folgt:
3. R (Hin-R): RM, rechte M nach Zählmuster str bis 3 M vor R-Ende, 2 M rechts zusstr, RM (= - 1 M).
4. R (Rück-R): RM, linke M nach Zählmuster str bis 1 M vor R-Ende, RM.
Die 3. und 4. R stets wdh, dabei die 41.–70. R des Zählmusters 7x arbeiten und für die Spitze die 40.–1. R gegengleich zum Anfang str.
Die letzten 3 M abketten.

FERTIGSTELLUNG

Fd-Enden vernähen. Das Tuch vorsichtig waschen, nach den angegebenen Maßen spannen und trocknen lassen.

ZÄHLMUSTER

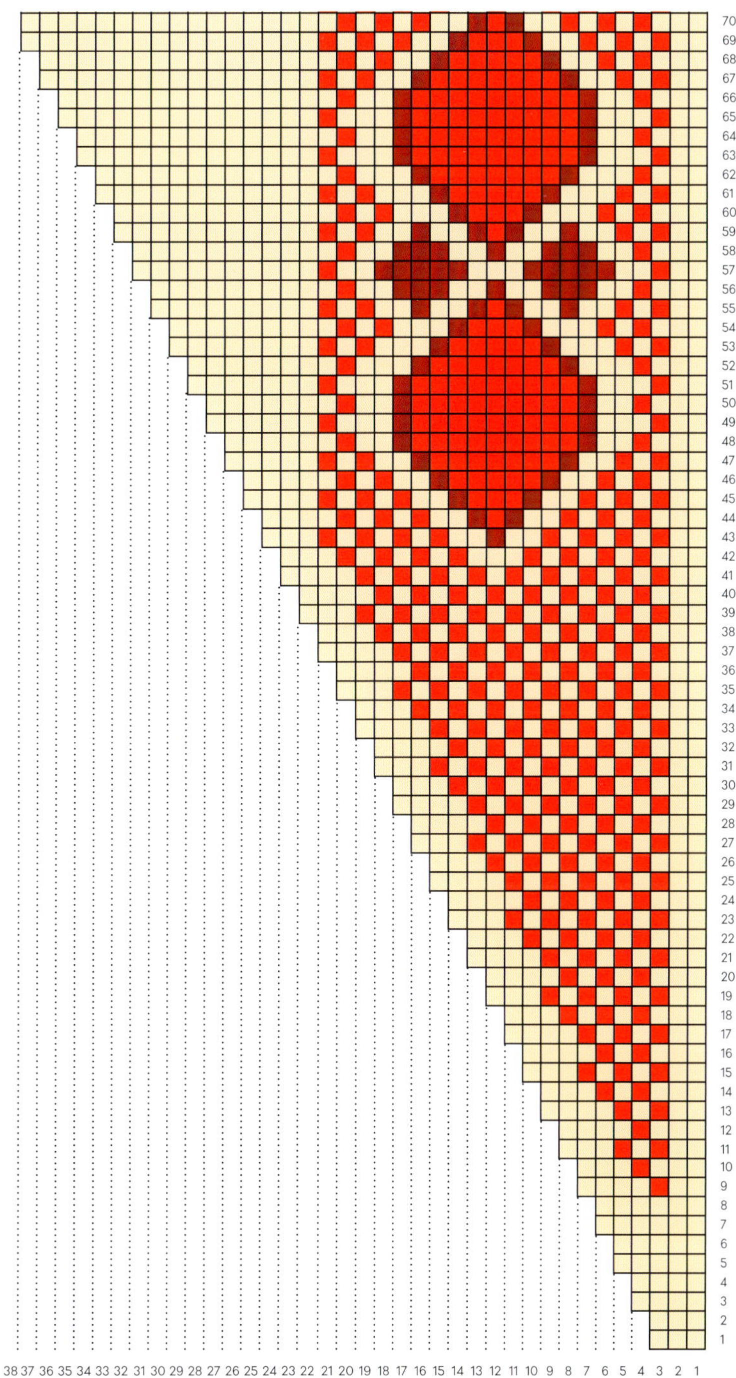

LEGENDE

- = Fb A (Beige)
- = Fb B (Rot)
- = Fb C (Dunkelrot)

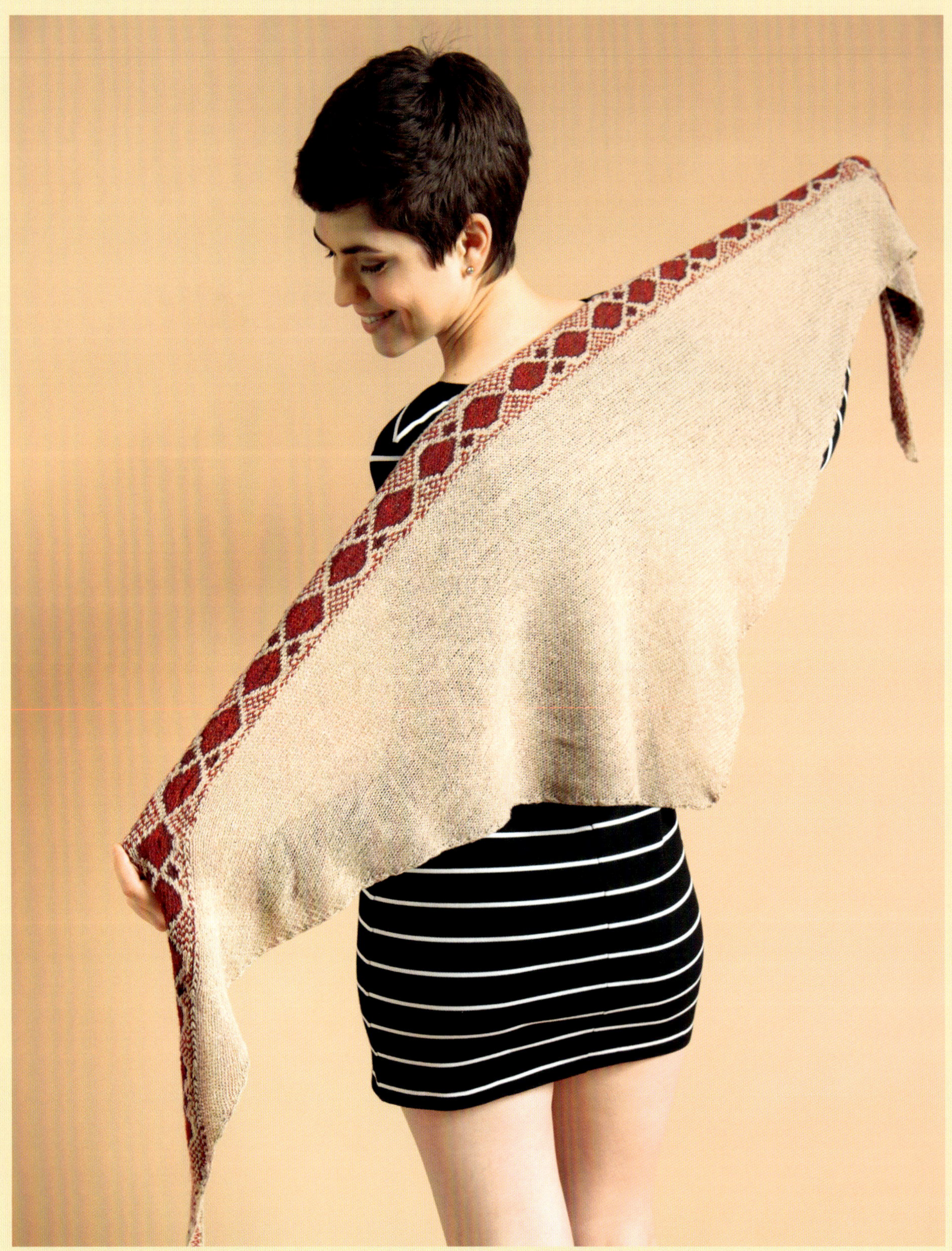

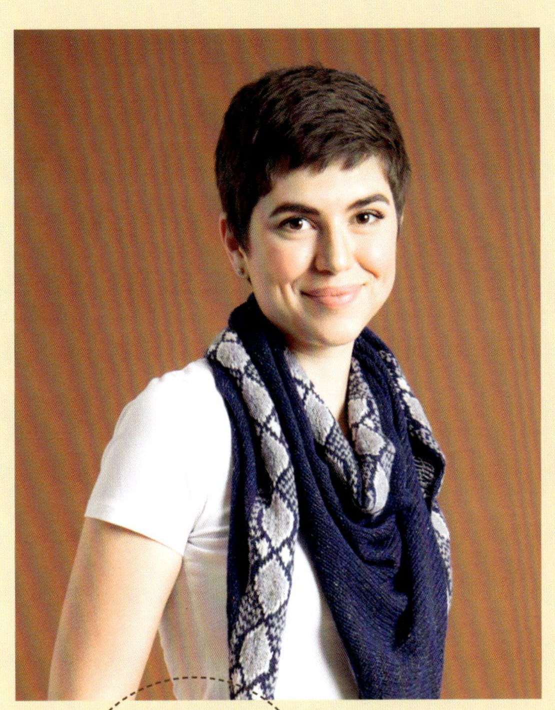

In zwei Blautönen und Weiß gestrickt passt das Tuch perfekt zu Jeans.

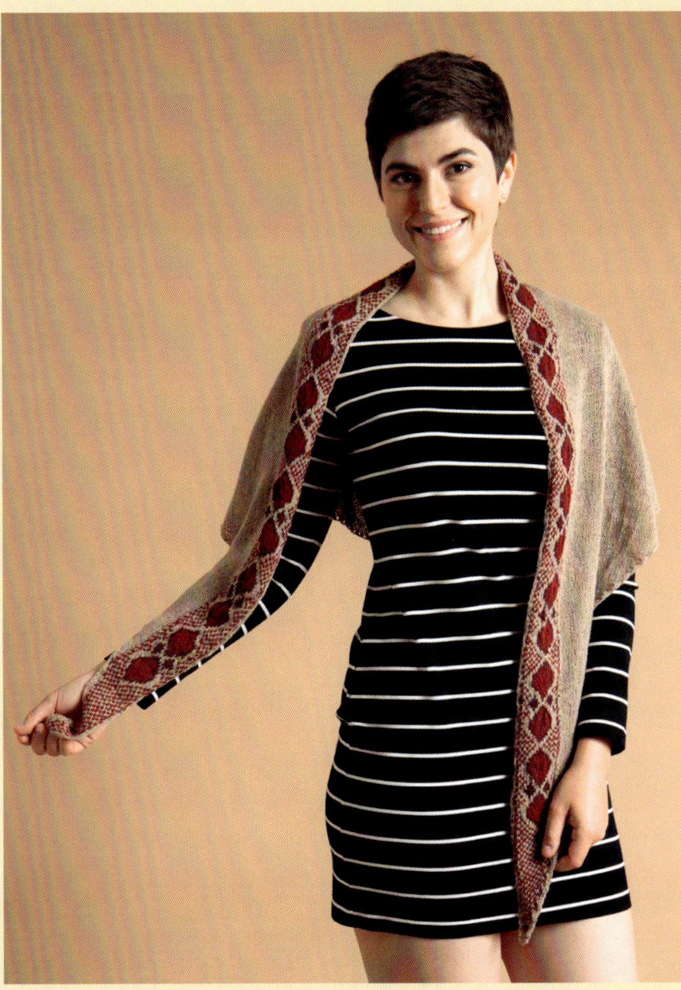

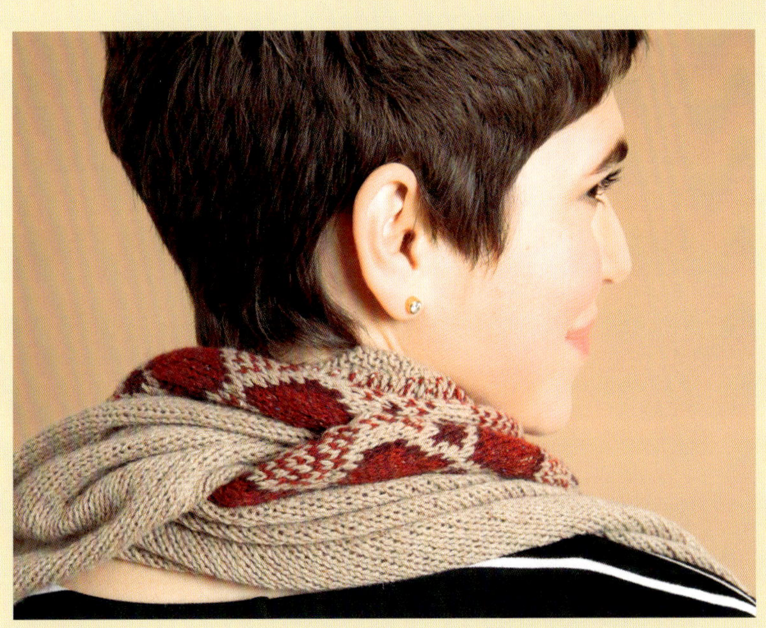

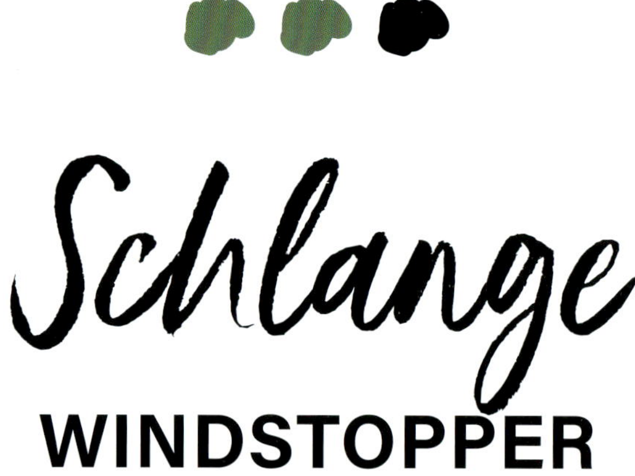

Schlange

WINDSTOPPER

GRÖSSE
Länge: ca. 130 cm

MATERIAL
- Lamana Cusco (100 % Alpaka, LL 85 m/50 g) in Fb A Pinie (34), 150 g, sowie in Fb B Karamell (30) und Fb C Khaki (07), je 50 g
- Kunstfaser-Füllwatte (z. B. von Efco), 500 g
- Rundstricknadel 4,5 mm, 40 cm lang
- Nadelspiel 4,5 mm
- Maschenmarkierer
- Wollnadel
- 2 Knöpfe für die Augen

STRICKWEISE
Die Schlange wird wie eine Socke in der Spitze am Kopf begonnen, dann wird der Körper in Rd weiter bis zur Schwanzspitze gestrickt.

MASCHENPROBE
Mit Nd 4,5 mm glatt rechts:
20 M und 24 R = 10 x 10 cm

GRUNDMUSTER
Glatt rechts in Rd: Alle M rechts str.
Schlangenmuster: Das Schlangenmuster in Fb A (Pinie), Fb B (Karamell) und Fb C (Khaki) glatt rechts in Jacquardtechnik nach dem Zählmuster str. Über 54 M das Zählmuster 1x arbeiten und die 1.–39. Rd 4x str.

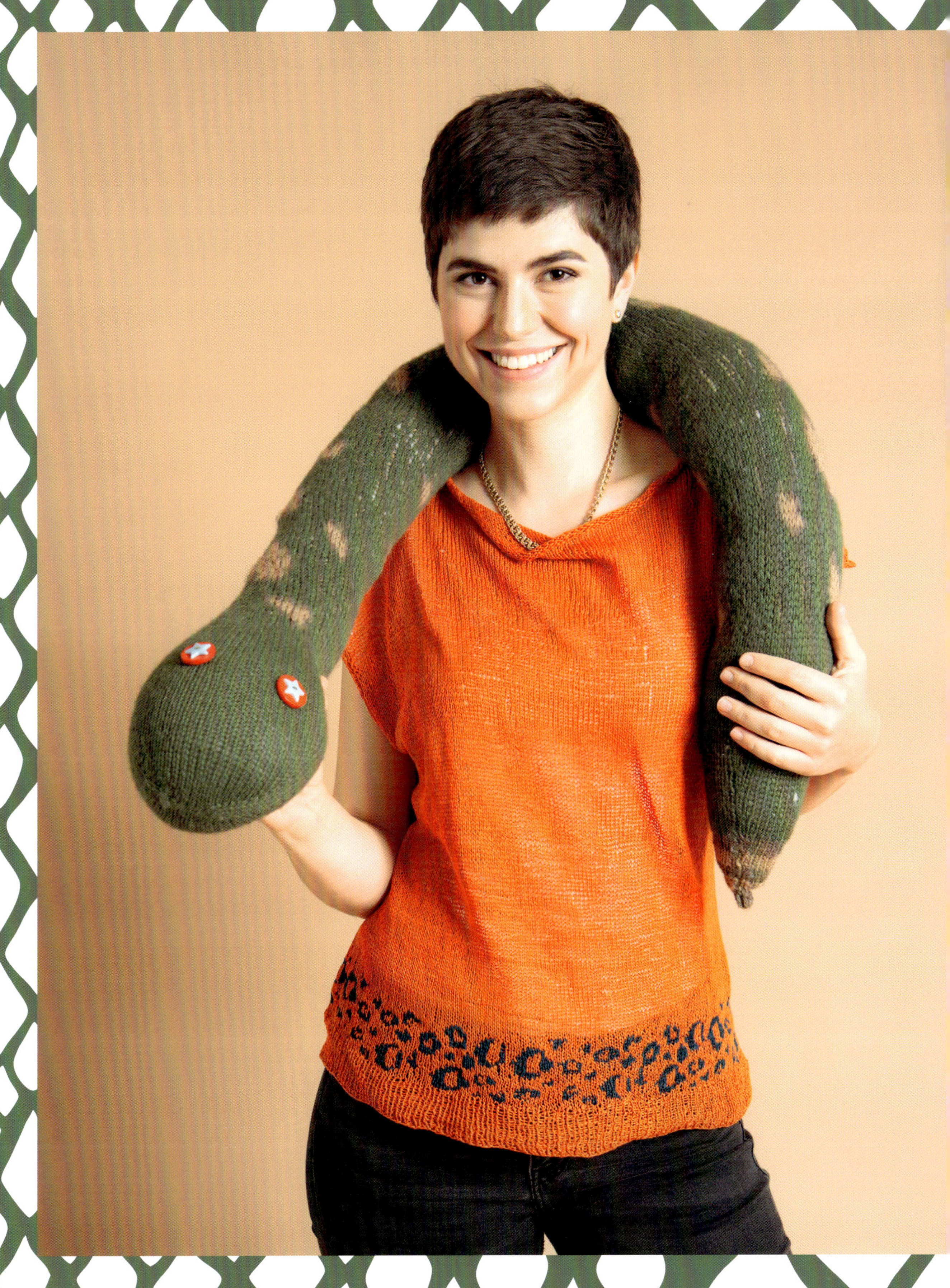

SO GEHT'S

KOPF

Mit 2 Spiel-Nd 4,5 mm in Fb A (Pinie) im Wickelanschlag 16 M anschl.

1. Rd: In Fb A alle M rechts str.
Die 16 M auf 4 Spiel-Nd verteilen.
2.-5.Rd: * 1M rechts str, 2M aus 1M rechts herausstr, rechte M str bis Nd-Ende (1. bzw. 3. Nd), rechte M str bis 2M vor Nd-Ende (2. bzw. 4. Nd), 2M aus 1M rechts herausstr, 1 M rechts *, von * bis * 1x wdh (=+4M).
6. Rd: Alle M rechts str.
7. Rd: Die 2. Rd wdh.
Die 6. und 7. Rd 2x wdh.
8. und 9. Rd: Alle M rechts str.
10. Rd: Die 2. Rd wdh.
Die 8.–10. Rd 1x wdh.
11.– 13. Rd: Alle M rechts str.
14. Rd: Die 2. Rd wdh.
Die 11.–14. Rd 3x wdh.
Es sind jetzt 68 M auf den Nd.
Jetzt kann zu einer Rundstrick-Nd gewechselt werden; den Rd-Anfang mit 1 MM kennzeichnen.

11 Rd rechte M str.
In der nächsten Rd gleichmäßig verteilt 14x (ca. alle 3–4 M) 2 M rechts zusammenstr (= 54 M).

Dann das Schlangenmuster in Fb A, B und C glatt rechts in Jacquardtechnik gemäß Zählmuster arbeiten: Über alle 54 M das Zählmuster arbeiten und die 1.–39. Rd 4x str.
Fb B und C abschneiden und mit den Abnahmen für die Schwanzspitze beginnen wie folgt:

SCHWANZSPITZE

Die Schwanzspitze in Fb A beginnen und mit einem Streifenmuster in Fb B und Fb C enden.
1. Rd: * 25 M rechts str, 2 M rechts zusstr *, von * bis * 1x wdh (= - 2 M = 52 M).
2.–4. Rd: Alle M rechts str.
5. Rd: * 12 M rechts str, 2 M rechts zusstr, MM setzen *, von * bis * noch 3x wdh (= - 4 M = 48 M).
6.–8. Rd: Die 2.–4. Rd wdh.
9. Rd: * Rechte M str bis 2 M vor MM, 2 M rechts zusstr *, von * bis * noch 3x wdh (= - 4 M).
10.–12. Rd: Die 2.–4. Rd wdh.
Die 9.–12. Rd 4x wdh (= 28 M).
Alle M stilllegen, dabei alle MM hängen lassen.
Die Schlange waschen und trocknen.

Die Schlange nicht zu prall mit Füllmaterial ausstopfen und mit einer Ringelspitze schließen.
Dafür alle M auf eine Rundstrick-Nd oder ein Nd-Spiel nehmen:
In Fb C die 9.–12. Rd str (= 24 M).
In Fb B die 9.–12. Rd str (= 20 M).
In Fb C die 9.–12. Rd str (= 16 M).
In Fb B die 9.–12. Rd str (= 12 M).
In Fb C die 9.–12. Rd str (= 8 M).
Fb B und Fb C abschneiden. Fb B vernähen. Das Fd-Ende in Fb C durch die restlichen 8 M fädeln und zusammenziehen.
Alle Fd-Enden vernähen.

AUGEN

Die Knöpfe als Augen aufnähen.

ZÄHLMUSTER

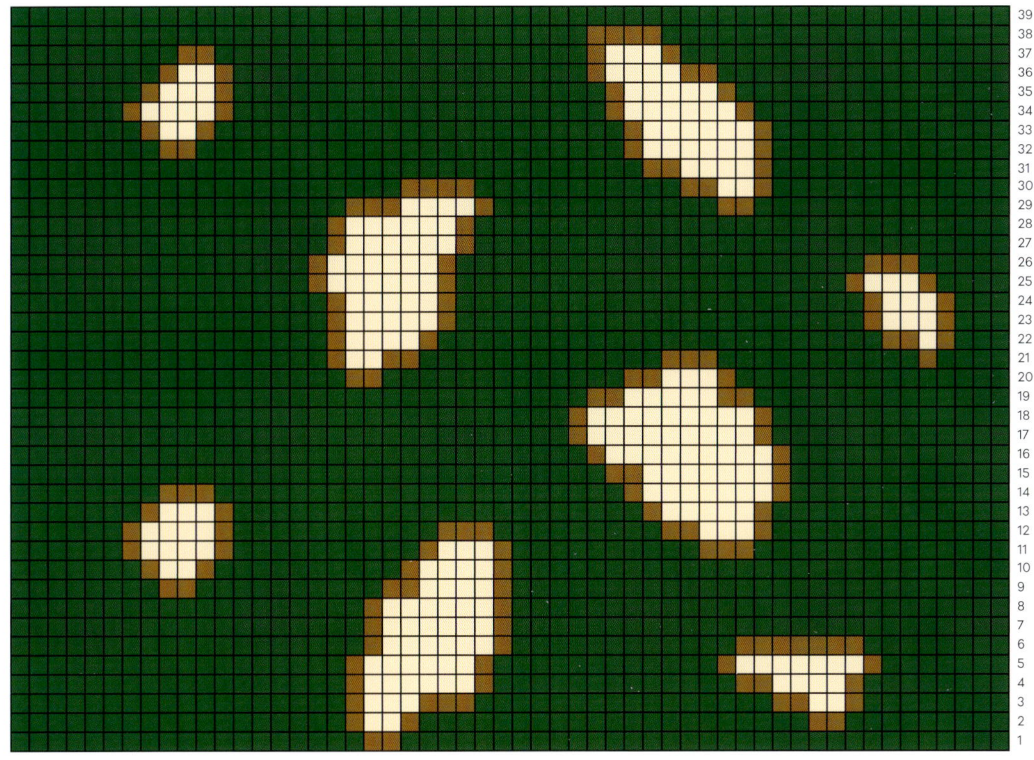

LEGENDE

- = Fb A (Pinie)
- = Fb B (Karamell)
- = Fb C (Khaki)

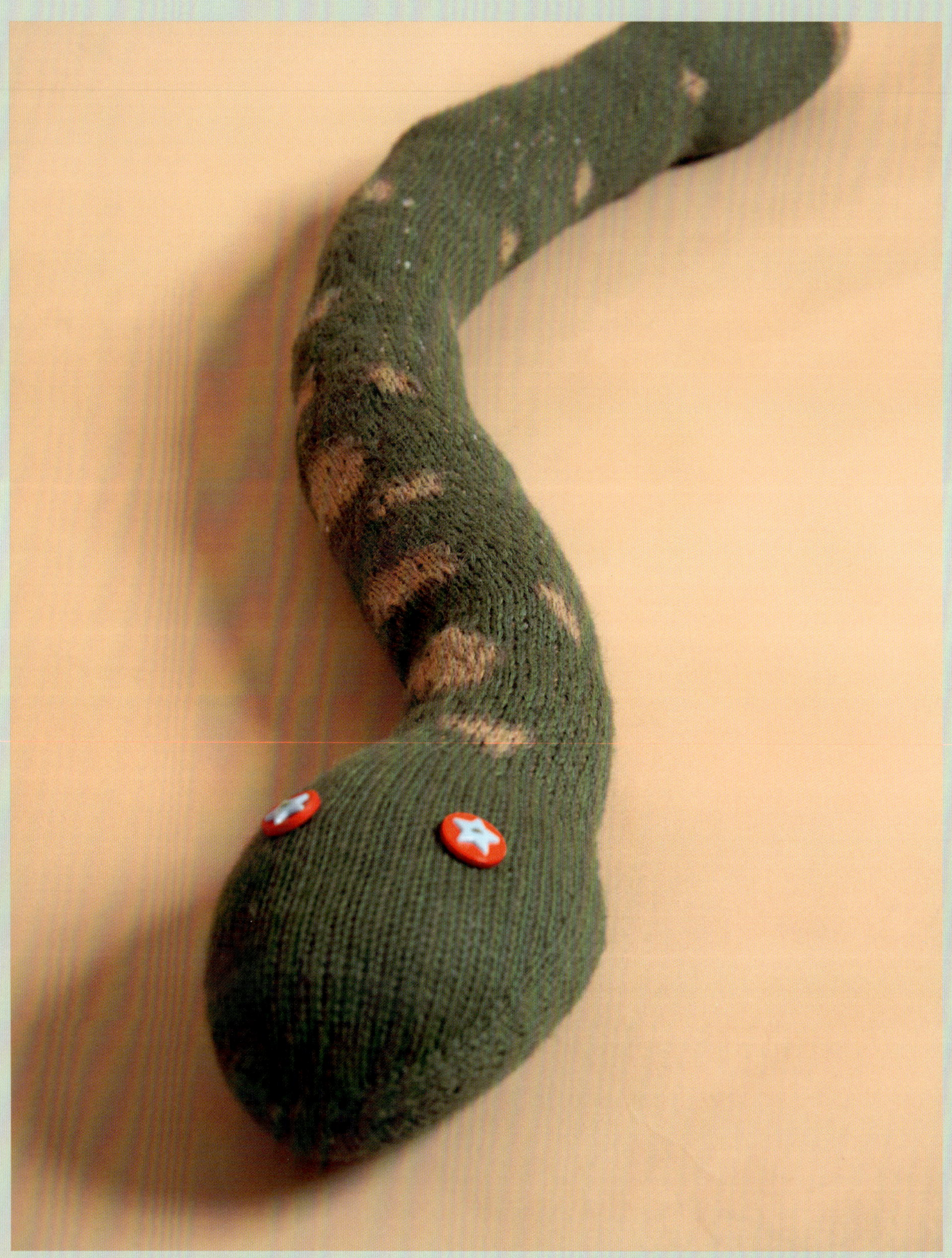

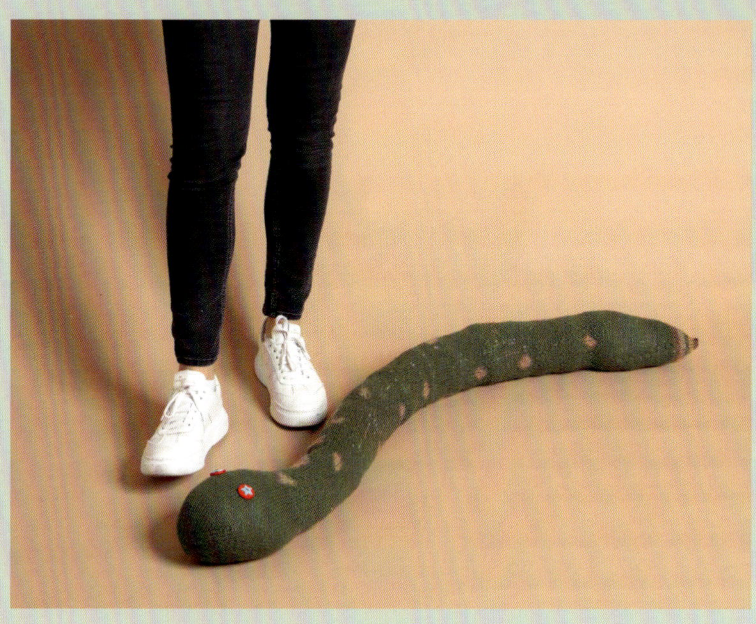

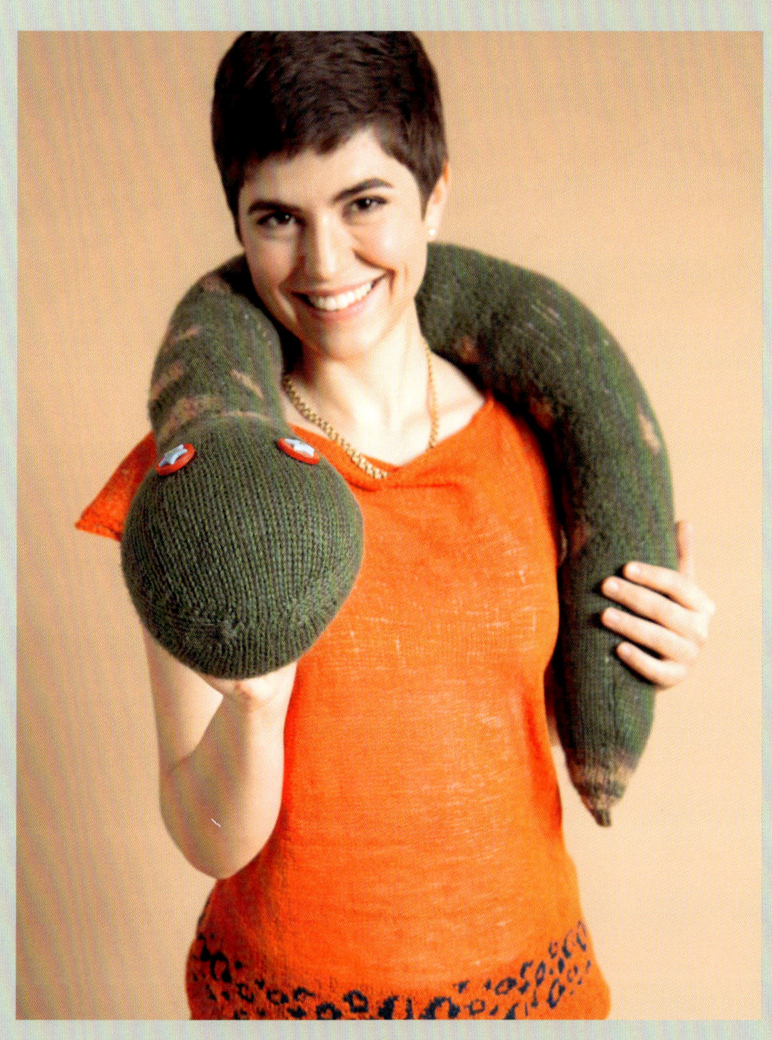

ÜBER DIE AUTORIN

KERSTIN BOVENSIEPEN

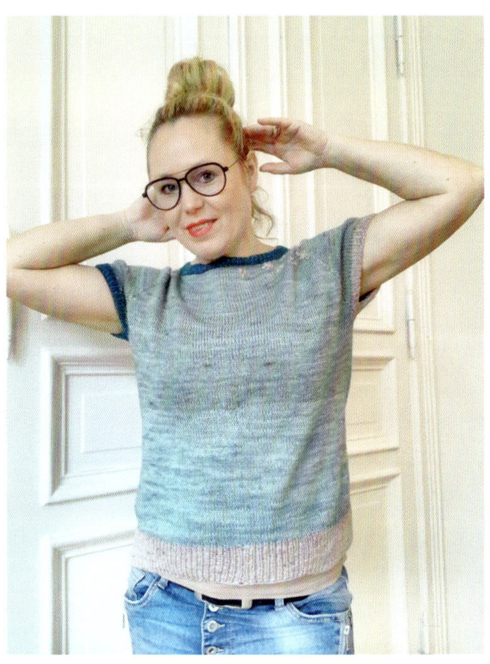

Kerstin Bovensiepen ist eine begeisterte Schnellstrickerin und hat sich 2015 mit dem Umzug nach Berlin komplett dem Stricken verschrieben. Ihre selbst entworfenen Designs bietet sie über ihren Shop www.knitding.com an. Sie lebt mit ihrem Mann und ihren zwei Jungs in der Hauptstadt.

DANKE

Rund ein halbes Jahr geheime Arbeit zusammen mit meinem wunderbaren Strickteam steckt in diesem Buch. Alleine hätte dieses Projekt nur halb so viel Spaß gemacht und wäre wohl auch nicht zu schaffen gewesen.

Ich danke **meiner Familie** für die unermüdliche Unterstützung trotz Homeoffice und Homeschooling. Uns allen hat dieses Pandemiejahr viel abverlangt, und trotzdem konnte ich mit eurer Unterstützung dieses wundervoll tierische Buch entwickeln.
Ein ganz besonderer Dank geht an mein **Modell-Strick-Team** Katja Sagurna und Claudia Edelblut-Schöne (beide auch auf Instagram). Sie haben mich von Anfang an mit regem Austausch und ganz viel Nadelgeklapper unterstützt.

Für die (hoffentlich) korrekten Anleitungen hat mein großartiges **Test-Strick-Team** alles gegeben und bis zur letzten Minute vor dem Abgabetermin alle Modelle auf Herz und Nieren geprüft. Hierfür gilt mein herzlicher Dank Andrea Oesterschlink, Anke Schulz, Frauke Remsperger-Lauck, Heidi Adolphs, Kirstin Kiesel, Pia Haasner, Ramona Lieschke, Sandra Kühner, Silvia Gröber, Tanita Steding und Tanja Hausdorf.

In all diesen tierischen Projekten stecken ganz viel Herzblut und all meine Lieblingsgarne.

Ein riesengroßes Dankeschön für die Bereitstellung aller Garne geht daher an Frida Fuchs Yarn, ITO Yarn, Lamana und Schachenmayr. Es war mir wie immer eine Freude, mit euren Garnen zu arbeiten.
Und natürlich danke ich dem **Verlag** für das Umsetzen dieser tierischen Projekte. Ganz besonders danke ich Isabella Krüger, die durch ihre Buchanfrage mitten in der Pandemie ein Ideen-Feuerwerk in mir gezündet hat.

IMPRESSUM

Bibliografische Information der Deutschen Bibliothek.

Die Deutsche Bibliothek verzeichnet diese Publikation in der Deutschen Nationalbibliografie. Detaillierte bibliografische Daten sind im Internet über http://www.dnb.de/ abrufbar.

EIN BUCH DER EDITION MICHAEL FISCHER

1. Auflage 2021

Covergestaltung:, Layout und Satz: Suparada Ströbel
Projektmanagement: Isabella Krüger
Bilder: © Corinna Brix, München (Cover- und Aufmacherbilder), © Kerstin Bovensiepen (Stepfotos, S. 12–15), Kapitelaufmacher: © Merydolla/shutterstock, © Gold design/shutterstock, © Luxury_Studio/shutterstock, © Alena Shenbel/shutterstock, © ONYXpr/shutterstock, © springsky/shutterstock
Lektorat: Helene Weinold, Violau
Grundkurs zweifarbig stricken: © Andrea Brauneis

ISBN 978-3-7459-0495-6

Gedruckt bei Polygraf Print, Čapajevova 44, 08001 Prešov, Slowakei

www.emf-verlag.de